财务会计类专业精品课程规划教材

财务报表分析实务

（第三版）

● 周会林　主编

苏州大学出版社
Soochow University Press

图书在版编目(CIP)数据

财务报表分析实务 / 周会林主编. — 3版. — 苏州：苏州大学出版社,2023.1(2024.6重印)
 ISBN 978-7-5672-4220-3

Ⅰ.①财… Ⅱ.①周… Ⅲ.①会计报表-会计分析-高等职业教育-教材 Ⅳ.①F231.5

中国版本图书馆CIP数据核字(2022)第249643号

财务报表分析实务(第三版)

周会林　主编

责任编辑　王　亮

苏州大学出版社出版发行
(地址：苏州市十梓街1号　邮编：215006)
镇江文苑制版印刷有限责任公司印装
(地址：镇江市黄山南路18号润州花园6-1号　邮编：212000)

开本 787 mm×1 092 mm　1/16　印张 10　字数 244千
2023年1月第3版　2024年6月第4次修订印刷
ISBN 978-7-5672-4220-3　定价：39.00元

图书若有印装错误,本社负责调换
苏州大学出版社营销部　电话：0512-67481020
苏州大学出版社网址　http://www.sudapress.com
苏州大学出版社邮箱　sdcbs@suda.edu.cn

第三版前言

本书是为适应五年制高等职业教育会计类专业课程改革和财务报表分析实务精品课程建设,在会计专业人才培养方案和财务报表分析实务课程标准的基础上开发编写的精品课程教材。本书在编写过程中,力求以"能力本位"观课程论为主导,坚持理实一体化的原则,以知识和能力训练两条教学主线的融合为切入点,以课程知识体系和能力训练体系为要求,体现时代性和动态性,达到以学生为主体,有创新、有特色,适应高职会计类专业教学的开发目标。

本书主要依据2021年的报表格式和上市公司有关信息披露的规定,按照高职会计类专业人才培养方案的要求,吸收财务报表分析学科教科研的前沿成果,重点结合专业教师的实际教学经验总结编写而成。本书以财务报表分析的基本原理、基本方法、基本技能阐述为重点,突出实用性、综合性、操作性等特点,特别强调报表分析业务操作技能的培养和训练。编写上以基本能力培养和拓展能力提高为主,从对某上市公司的报表认知开始,逐一展开公司的偿债能力分析、营运能力分析、盈利能力分析、发展能力分析、现金流量分析和公司综合分析等教学内容,重点培养学生系统的报表分析技能,提升学生对公司财务状况、经营成果和现金流量的整体分析能力。

本教材由江苏联合职业技术学院南京财经分院正高级讲师、注册会计师、高级会计师周会林担任主编。本次再版对教材做了数据更新和整体修订,增加了知识链接、微课资源等相关教学资源。在修订过程中,参考了一些最新的财务报表分析教研成果和教材,在此对相关作者表示衷心感谢。

编 者

2022年12月

前言

本书是为适应高等职业教育会计类专业课程改革和财务报表分析实务精品课程建设,在会计专业人才培养方案和财务报表分析实务课程标准的基础上,由江苏联合职业技术学院会计专业协作委员会开发编写的精品课程教材。本书在编写过程中,力求以"能力本位"观课程论为主导,坚持理实一体化的原则,以知识和能力训练两条教学主线的融合为切入点,以课程知识体系和能力训练体系为要求,体现时代性和动态性,达到以学生为主体,有创新、有特色,适应高职财经专业教学的开发目标。

本书主要依据新的《企业会计准则》和上市公司有关信息披露的规定,按照高职会计类专业人才培养方案的要求,吸收财务报表分析学科教科研的前沿成果,重点结合专业教师的实际教学经验总结编写而成,以财务报表分析的基本原理、基本方法、基本技能阐述为重点,突出实用性、综合性、操作性等特点,特别强调报表分析业务操作技能的培养和训练。编写上以基本能力培养和拓展能力提高为主,从对某上市公司的报表认知开始,逐一展开公司的偿债能力分析、营运能力分析、获利能力分析、发展能力分析、现金流量分析和综合分析等教学内容,重点培养学生系统的报表分析技能,提高学生对公司财务状况、经营成果和现金流量的整体分析能力。

本书在下列几个方面进行了创新和探索:

一是改变传统财务报表分析教材体例,探索项目课程教学的新思路。全书分九个教学项目,由浅入深,从基本分析原理和分析方法入手,以教学案例的形式层层展开,每个项目均围绕同一个上市公司的业务资料,从不同角度进行分析,并适时安排相关技能训练。在教材体例的安排上更加贴近报表分析的实践活动,构建了以能力为本位、任务驱动型的财务报表分析教学内容结构体系。

二是以"偿债能力""营运能力""发展能力""获利能力"等教学内容培养学生财务报表分析的专项技能。本书对高职学生提出财务报表分析学习上的深层次要求,有利于学生在社会实践中更好地发挥专业技能。本教材注重通过财务报表分析计算公式的汇总和分项目的技能训练强化学生系统的专业知识掌握和技能的培养，使教学内容和教学过程更加符合"理实一体化"的要求。

三是构建了立体化、多层次的教学内容体系。通过大量的"知识链接""提醒你""教学案例"等教学内容编排，教材体例新颖，知识时代性强，有利于培养学生的主动学习能力。

四是建立了即时评价的教学内容体系。本书在重要的知识点上，都配有"即学即思"和"技能训练"，能比较及时地评价学生对所学内容的掌握程度，融教、学、做、评为一体。

本教材由南京财经学校高级讲师周会林和连云港财经分院副教授焦建平担任主编，周会林老师拟定编写大纲，设计教材体例，提出编写方案并统稿、总纂。"项目一　阅读财务报表"由焦建平编写，"项目二　短期偿债能力分析"和"项目九　分析财务报表附注"由周会林编写，"项目三　长期偿债能力分析"由连云港财经分院朱迪珍编写，"项目四　营运能力分析"由扬州高等职业技术学校兰芸芸编写，"项目五　盈利能力分析"由南京财经学校廖成英编写，"项目六　发展能力分析"由江阴职业技术教育中心蔡文楠编写，"项目七　现金流量分析"由徐州财经分院汤玉龙编写，"项目八　综合分析"由南通商贸分院李其银编写。全书由徐州财经分院郑在柏教授主审。

本书是在江苏联合职业技术学院领导的关心和支持下立项，在南京财经学校邓中材校长、吴蔚群副校长的指导下编写而成的。本教材的立意、修订得到了徐州财经分院郑在柏教授的帮助。另外，在教材的编写过程中，我们也参考了一些最新的财务报表分析教研成果和教材，在此一并表示衷心感谢。

由于时间仓促，编写水平有限，难免有不足之处，望广大同仁不吝赐教，在此深表谢意。

编　者

CONTENTS

目录

项目一　阅读财务报表　　001
　　任务一　认知财务报表　　001
　　任务二　财务报表案例解读　　019
　　任务三　认知财务报表分析的基本内容与方法　　028

项目二　短期偿债能力分析　　037
　　任务一　认知短期偿债能力分析指标　　037
　　任务二　短期偿债能力分析　　047

项目三　长期偿债能力分析　　053
　　任务一　认知长期偿债能力分析指标　　053
　　任务二　长期偿债能力分析　　060

项目四　营运能力分析　　064
　　任务一　认知营运能力分析指标　　064
　　任务二　营运能力分析　　075

项目五　盈利能力分析　　078
　　任务一　认知盈利能力分析指标　　078
　　任务二　盈利能力分析　　086

任务三　上市公司盈利能力分析　　088
　　任务四　影响盈利能力的其他因素　　093

项目六　发展能力分析　　096
　　任务一　认知发展能力分析指标　　096
　　任务二　发展能力分析　　101

项目七　现金流量分析　　109
　　任务一　认知现金流量分析指标　　109
　　任务二　现金流量分析　　117

项目八　综合分析　　121
　　任务一　杜邦财务分析法　　121
　　任务二　沃尔比重评分法　　125
　　任务三　业绩评价　　129

项目九　财务报表附注分析　　134
　　任务一　认知财务报表附注　　134
　　任务二　财务报表附注分析　　139

附　录　　143
　　附表一　资产负债表——南京照明股份有限公司　　143
　　附表二　利润表——南京照明股份有限公司　　145
　　附表三　现金流量表——南京照明股份有限公司　　147

项目一

阅读财务报表

> **学习目标**
>
> 了解财务报表的组成,认知经济业务与财务报表项目的关系,知悉财务报表分析的主体与目标,理解审阅财务报表的步骤与方法,掌握财务报表分析的方法,会阅读财务报表,能初步知悉财务报表数字背后的信息。

任务一 认知财务报表

理解财务报表是进行财务报表分析的前提和基础。只有理解了财务报表,才能还原数字背后的信息,恰当、理性地分析企业的生产经营活动。

一、财务报表的认知

企业财务核算一般遵循"凭证→账簿→报表"程序。财务报表是企业财务核算的"最终产品",它是根据企业在一定时期内发生的全部经济业务中所形成的大量数据,按照财务的原则、方法进行账务处理并高度浓缩整理后按规定编制而成的。

财务报表是对企业财务状况、经营成果和现金流量的结构性表述,是财务报告的核心。财务报表至少应当包括下列组成部分:资产负债表、利润表、现金流量表、所有者权益(或股东权益)变动表和附注(俗称四表一注)。财务报表是财务报告的核心组成部分。

> ☞ **知识链接**
>
> **财务报告与财务报表的关系**
>
> 财务报告是指企业对外提供的反映企业某一特定日期的财务状况和某一会计期间的经营成果、现金流量等财务信息的文件。财务报告包括财务报表和其他应当在财务报告中披露的相关信息和资料。财务报表是对企业财务状况、经营成果和现金流量

的结构性表述,是财务报告的核心。

二、经济业务与财务报表项目的联系

企业所发生的每项经济业务,都要进行相应的财务核算,并最终列报在企业的财务报表中。要正确理解财务报表所提供的财务信息,就要正确理解财务报表各项目的含义,正确理解企业日常发生的各项经济业务与财务报表各项目之间的联系,正确理解某项经济业务的发生将影响哪些相关的财务报表项目。

下面通过 ABC 有限责任公司的业务循环来说明经济业务与财务报表项目的联系,随着经济业务的增加,财务报表会逐步地丰富及完善起来。

（一）筹资业务

2022 年 9 月 20 日,ABC 有限责任公司(以下简称 ABC 公司)注册成立。当天股东们向 ABC 公司投入注册资金 100 万元,同时 ABC 公司向银行借入多笔短期借款共计 100 万元。此时,ABC 公司拥有的全部经营性资产,就是股东投入和向银行借入的货币资金,合计 200 万元,这也是 ABC 公司最初的现金流入量(吸收投资收到的现金 100 万元、取得借款收到的现金 100 万元）。

资产负债表中货币资金增加 200 万元,现金流量表中现金净流量增加 200 万元。财务报表简表如表 1-1 所示。

表 1-1　　　　　　　　　　　　　财务报表简表一　　　　　　　　　　　　单位：万元

资产负债表			
资产		负债及所有者权益	
货币资金	200	短期借款	100
		实收资本	100
资产总额	200	负债及所有者权益总额	200

现金流量表	
经营活动现金流量	
投资活动现金流量	
筹资活动现金流量	
吸收投资收到的现金	100
取得借款收到的现金	100
现金及现金等价物净增加额	200

（二）购置固定资产及采购原材料业务

有了股东投入和向银行借入的资金后,ABC 公司便开始了它的生产经营活动。2022 年

10月20日,ABC公司用货币资金购置厂房、机器设备等固定资产共100万元,购入甲材料,实际成本40万元,增值税5.2万元。此时,ABC公司购建固定资产、无形资产和其他长期资产支付的现金为100万元,购买商品、接受劳务支付的现金为45.2万元。资产负债表中货币资金减少145.2万元,余额为54.8万元;现金流量表中现金及现金等价物净减少145.2万元。财务报表简表如表1-2所示。

表1-2　　　　　　　　　　　　　　　　财务报表简表二　　　　　　　　　　　　　　单位:万元

资产负债表			
资产		负债及所有者权益	
货币资金	54.8(200-100-45.2)	短期借款	100
原材料	40	应交税费	-5.2
固定资产	100	实收资本	100
资产总额	194.8	负债及所有者权益总额	194.8

现金流量表	
经营活动现金流量	
购买商品支付的现金	45.2
投资活动现金流量	
购建固定资产支付的现金	100
筹资活动现金流量	
吸收投资收到的现金	
取得借款收到的现金	
现金及现金等价物净增加额	-145.2

(三) 生产产品,发生相关成本业务

2022年11月,ABC公司领用材料30万元,计提生产工人职工薪酬40万元(实际支付给职工30万元,另10万元没有支付),计提机器设备折旧费10万元(全部计入制造费用进入产品成本)。假设产品已经完工入库。领用材料及计提折旧没有支付现金,只有实际支付给职工的30万元现金流量,现金流量表中现金及现金等价物净减少30万元,资产负债表中货币资金余额24.8万元,而资产总额增加10万元,是因为负债(应付职工薪酬)增加10万元。财务报表简表如表1-3所示。

表 1-3　　　　　　　　　　　　　　财务报表简表三　　　　　　　　　　　　单位：万元

资产负债表

资产		负债及所有者权益	
货币资金	24.8（54.8-30）	短期借款	100
原材料	10（40-30）	应付职工薪酬	10
库存商品	80（30+40+10）	应交税费	-5.2
固定资产	90（100-10）	实收资本	100
资产总额	204.8	负债及所有者权益总额	204.8

现金流量表

经营活动现金流量	
购买商品支付的现金	
支付给职工及为职工支付的现金	30
投资活动现金流量	
购建固定资产支付的现金	
筹资活动现金流量	
吸收投资收到的现金	
取得借款收到的现金	
现金及现金等价物净增加额	-30

（四）销售商品，发生及支付各项期间费用业务

2022年12月，ABC公司售出全部库存商品，价格120万元，增值税销项税额15.6万元，款项尚未收到。同时用现金支付管理人员薪酬5万元、销售费用7万元、财务费用（借款利息）3万元；城市维护建设税及教育费附加1.04万元未付。此时，ABC公司因销售产品减少了库存商品80万元，增加了应收账款135.6万元，应交税费余额11.44万元；再扣除支付的期间费用，实现营业利润23.96万元。现金流量表中现金及现金等价物净减少了15万元，资产负债表中货币资金余额8.2万元。财务报表简表如表1-4所示。

表1-4　　　　　　　　　　　财务报表简表四　　　　　　　　　　　单位：万元

资产负债表

资产		负债及所有者权益	
货币资金	9.8(24.8-5-7-3)	短期借款	100
应收账款	135.6	应付职工薪酬	10
原材料	10	应交税费	11.44
库存商品	0	实收资本	100
固定资产	90	未分配利润	23.96
资产总额	245.4	负债及所有者权益总额	245.4

现金流量表		利润表	
经营活动现金流量		营业收入	120
销售商品提供劳务收到的现金	0	减：营业成本	80
购买商品支付的现金		税金及附加	1.04
支付给职工及为职工支付的现金	5	销售费用	7
支付其他与经营活动有关的现金	7	管理费用	5
投资活动现金流量		财务费用	3
购建固定资产支付的现金		营业利润	23.96
筹资活动现金流量			
吸收投资收到的现金			
取得借款收到的现金			
偿还利息支付的现金	3		
现金及现金等价物净增加额	-15		

（五）计提坏账准备、所得税费用，进行利润分配业务

2022年12月，ABC公司按规定计提坏账准备2万元，计提所得税5.49万元（企业所得税税率25%，且无纳税调整事项），按税后利润的10%计提盈余公积。财务报表简表如表1-5所示。

表1-5 财务报表简表五 单位：万元

资产负债表

资产		负债及所有者权益	
货币资金	9.8	短期借款	100
应收账款	133.6(135.6-2)	应付职工薪酬	10
原材料	10	应交税费	16.93
库存商品	0	实收资本	100
固定资产	90	盈余公积	1.65
资产总额	243.4	未分配利润	14.82
		负债及所有者权益总额	243.4

现金流量表

经营活动现金流量	
销售商品提供劳务收到的现金	0
购买商品支付的现金	45.2
支付给职工及为职工支付的现金	35
支付其他与经营活动有关的现金	7
经营活动现金净流量	-87.2
投资活动现金流量	
购建固定资产支付的现金	100
投资活动现金净流量	-100
筹资活动现金流量	
吸收投资收到的现金	100
取得借款收到的现金	100
偿还利息支付的现金	3
筹资活动现金净流量	197
现金及现金等价物净增加额	9.8

利润表

营业收入	120
减：营业成本	80
税金及附加	1.04
销售费用	7
管理费用	5
财务费用	3
信用减值损失	2
营业利润	21.96
减：所得税	5.49
净利润	16.47

ABC公司注册成立后，经过一个季度的经营，公司的资产总额增加了43.4万元，其中负债增加26.93万元，股东权益（净资产）增加16.47万元。实现净利润16.47万元，使股东投入的资本增值16.47%。企业经营业绩尚可，但为什么经营活动的现金流量净额是-87.2万元，结存的现金根本无法完成交纳税款和偿付债务的责任。原因是什么？希望通过本书的学习，读者能够分析和解决这个问题。

三、阅读财务报表

（一）阅读资产负债表

1. 资产负债表的概念

资产负债表是反映企业在某一特定日期（通常是年末、半年末、季末、月末）全部资产、负债和所有者权益状况的财务报表。

2. 资产负债表的结构

根据我国《企业会计制度》的规定,我国企业的资产负债表采用账户式结构。账户式资产负债表,是将资产负债表分为左右两方,资产项目列在报表的左方,负债和所有者权益项目列在报表的右方,资产负债表左右两方数额平衡。资产和负债分别以流动资产和非流动资产、流动负债和非流动负债列示。资产负债表的结构如表1-6所示。

表1-6 资产负债表的结构

资　　产	负债及所有者权益
流动资产：货币资金、交易性金融资产、应收及预付款、存货	流动负债：短期借款、应付及预收款项、应付职工薪酬、应交税费
非流动资产：债权投资、长期应收款、长期股权投资、固定资产、无形资产	非流动负债：长期借款、应付债券、长期应付款
	所有者权益：实收资本(或股本)、资本公积、盈余公积、未分配利润

3. 资产负债表提供的主要信息

(1) 企业拥有或控制经济资源的规模及占用形态。

(2) 企业全部资金的来源与构成。

(3) 企业的变现能力、偿债能力和盈利能力。

(4) 企业财务状况的变化趋势。

4. 阅读资产负债表的方法

获取资产负债表以后,感到困难的是不知道怎样阅读,这是因为缺乏阅读报表的方法和思路。面对资产负债表,可以采取的步骤和方法是:总额观察以把握财务变化的方向,浏览具体项目以寻找变化的原因,借助相关的财务比率透视财务状况。

(1) 总额观察——把握财务变化的方向。

不管资产负债表的项目有多少,其大类项目只有三个:资产、负债、所有者权益。这三类数字之间内在的数量关系是:资产=负债+所有者权益。资产是企业资源变化的一个结果,引起这种结果变化的根本原因主要有两方面:一是负债的变化;二是所有者权益的变化。既然资产等于负债加所有者权益,那么资产的增减变化量应该等于负债的增减变化量加所有者权益的增减变化量,即

资产的增减变化量=负债的增减变化量+所有者权益的增减变化量

总额观察财务变化方向情况如表1-7所示。

表1-7　　　　　　　　　　　总额观察财务变化方向

情形	资产	负债	所有者权益	总额观察财务变化方向说明
1	+	+		资产增加可能是负债的增加所引起，而所有者权益没有变化。
2	+		+	资产增加可能是所有者权益的增加所引起，而负债没有变化。
3	+	+	+	资产增加可能是负债、所有者权益同时增加所致。
4	+	+	−	资产增加可能是负债大幅增加而所有者权益有所减少所致。
5	+	−	+	资产增加可能是所有者权益大幅增加而负债有所减少所致。
6	−	−		资产减少可能是负债的减少所引起，而所有者权益没有变化。
7	−		−	资产减少可能是所有者权益的减少所引起，而负债没有变化。
8	−	−	−	资产减少可能是负债、所有者权益同时减少所致。
9	−	−	+	资产减少可能是负债大幅减少而所有者权益有所增加所致。
10	−	+	−	资产减少可能是所有者权益大幅减少而负债有所增加所致。

通过研究资产、负债、所有者权益这三组数据的关系，可以把握企业在某个经营时段中发生了哪些重大变化，也就可以清楚这个企业财务发展变化的基本方向。

总额观察的目的就是要把握一个企业财务状况发展的方向。既然知道资产总量增减变化的结果，而引起这种结果的原因就是负债的变化和所有者权益的变化，下一步就应该去探究负债和所有者权益具体变化的原因。

（2）浏览具体项目——寻找变化的原因。

要探究具体变化的原因，就要对报表具体项目进行浏览。浏览具体项目，即拿着报表从上往下看，左右对比看。从上往下看是一个项目一个项目地观察，而左右对比看就是要看哪个数字发生了重大的变化。浏览具体项目的特点是有的放矢，找寻变化的原因。对变化的原因了解到什么程度，每个人的判断是不一样的，但是一定要关注重大问题。

（3）计算分析相关的财务比率——透视财务状况。

医生给病人看病，首先要"望、闻、问、切"，接着要借助仪器设备诊断。同样，看财务报表时，首先要摸清财务状况的基本方向，然后借助于对一些财务指标的"化验"来对企业财务"机体"做一个基本的检查，如流动比率、速动比率、资产负债率等。这部分内容是本书的重点内容，在以后的章节里会详细讲述。

5. 阅读资产负债表时应注意的事项

（1）关注资产的质量。

关注资产的质量就是关注资产负债表中资产的可收回金额，挤出资产中的水分。相关项目如表1-8所示。

表1-8　　　　　　阅读资产负债表时应关注的主要资产项目

主要项目	关 注 内 容
交易性金融资产	是否严格地按公允价值计量？
应收账款	收回的比例有多大？变现能力是多少？是否足额计提了坏账准备？
存货	市价是多少？是否足额计提了跌价准备？质量状况如何？数字真实可靠吗？
预付账款	是否包含预付的费用？
长期股权投资	可收回金额有多少？是否足额计提了减值准备？
固定资产	
在建工程	是否减值？
无形资产	可收回金额有多少？
其他资产	有多少？

（2）关注负债。

并不是企业所有的负债都能在资产负债表上反映出来，资产负债表上所反映的负债只是现在已经存在的负债，或者叫现实的债务，而潜在的风险和债务，在资产负债表中是无法反映的。潜在的负债一般会体现在资产负债表的报表附注中，因此还要仔细阅读报表附注。

（3）关注所有者权益。

实收资本与企业的注册资本应该是一致的，当一个企业的注册资本全部到位时，资产负债表上的股本或实收资本应该和企业的注册资本一致。如果企业的注册资本是分次到账的，在这种情况下，企业的股本或实收资本就小于注册资本。阅读报表时应该关注实际到账资金的情况。

（4）关注资产负债表外的经济资源。

资产负债表是企业在某一时点经济状况的快照，它反映企业在特定时点拥有多少资产、负债和所有者权益。从企业的经济资源来说，并不是所有的资产都能够在资产负债表中反映出来，例如企业的品牌和声誉。国内有很多著名的企业，企业名称本身就很值钱，可是在企业的资产负债表中并没有反映。优秀的管理团队、良好的管理水平也是企业很重要的资源，而这部分资源是不可能反映在资产负债表中的。

☞ 知识链接

资产负债表的重要性

关于资产负债表，有两则有趣的历史逸闻。美国著名会计学家爱德华·哈斯丁·张伯伦曾经这样评价世界上第一个亿万富翁约翰·洛克菲勒，"他精通于查看资产负债表，这给美国克利夫兰的商人们留下了深刻的印象"。而作为反例，曾经有过百年辉煌历史的前英国老牌银行帝国巴林银行的董事长彼得·巴林则认为资产负债表没有什么用。他曾经在1994年3月有过这一段不屑的断言："若以为揭露更多资产负债表的数据，就能增加对一个集团的了解，那真是幼稚无知。"但随后不久，巴林银行就因为内部控制不力，而且资产负债表对于衍生金融工具风险方面的信息没有进行应有的揭示而倒闭了。很多人承认，如果巴林银行新加坡分行能够将衍生金融交易过程中的风险敞口通过资产负债表较为充分地加以披露，从而引起总部和相关监管机构的重视，巴林银行也许就不会倒闭。透过这两则逸闻，资产负债表的重要地位和作用便可见一斑。

（二）阅读利润表

利润表是反映企业经营成果的报表，它是企业某一时期的经营成果，即盈利或亏损形成过程的回放。利润表会表明企业利润的来龙去脉，即企业在某一时期有多少收入、多少费用和多少利润；利润结构分析将披露企业利润的形成是否合理；盈利能力分析则揭示企业运用资产经营的结果如何。

1. 利润表的概念

利润表是反映企业在一定会计期间经营成果的报表。它是企业一定时期经营业绩的综合体现，又是进行利润分配的依据。

2. 利润表的结构

我国利润表的格式是多步式，结构如表1-9所示。

表1-9　　利润表的结构

项　　目	本期金额	上期金额
一、营业收入		
减：营业成本		
税金及附加		
销售费用		
管理费用		
研发费用		
财务费用		
其中：利息费用		
利息收入		
加：其他收益		
投资收益（损失以"-"号填列）		
其中：对联营企业和合营企业的投资收益		
以摊余成本计量的金融资产终止确认收益（损失以"-"号填列）		
净敞口套期收益（损失以"-"号填列）		
公允价值变动收益（损失以"-"号填列）		
信用减值损失（损失以"-"号填列）		

续表

项　　目	本期金额	上期金额
资产减值损失(损失以"-"号填列)		
资产处置收益(损失以"-"号填列)		
二、营业利润(亏损以"-"号填列)		
加：营业外收入		
减：营业外支出		
三、利润总额(亏损总额以"-"号填列)		
减：所得税费用		
四、净利润(净亏损以"-"号填列)		
（一）持续经营净利润(净亏损以"-"号填列)		
（二）终止经营净利润(净亏损以"-"号填列)		
五、其他综合收益的税后净额		
（一）不能重分类进损益的其他综合收益		
1. 重新计量设定受益计划变动额		
2. 权益法下不能转损益的其他综合收益		
3. 其他权益工具投资公允价值变动		
4. 企业自身信用风险公允价值变动		
（二）将重分类进损益的其他综合收益		
1. 权益法下可转损益的其他综合收益		
2. 其他债权投资公允价值变动		
3. 金融资产重分类计入其他综合收益的金额		
4. 其他债权投资信用减值准备		
5. 现金流量套期储备		
6. 外币财务报表折算差额		
六、综合收益总额		
七、每股收益		
（一）基本每股收益		
（二）稀释每股收益		

　　3. 利润表提供的信息

　　利润表可以反映企业一定会计期间的收入实现情况、费用支出情况和净利润的实现情况等，其提供的信息主要体现在以下几个方面。

　　（1）反映企业的经营成果。

　　利润表可以反映企业在一定期间的经营成果，或者说它可以告诉报表阅读者，这段时间企业是盈利还是亏损。

（2）评价企业的获利能力。

判断企业是否具有持久的盈利能力，主要看营业利润。如果一个企业营业利润多，则企业具有盈利能力；如果企业的营业外收入很多，可以认为企业能够创造利润，但不能判断企业具有很强的盈利能力，因为作为"偶然利得"的营业外收入是不会经常出现的。

（3）判断企业的价值。

对一个企业的价值进行衡量时，企业的盈利能力通常是评价其价值的一个重要因素。比如某企业是一个上市企业，该企业本身的价值与其盈利能力是有联系的，所以可以借助利润表来评价企业的价值。

（4）预测企业未来盈利。

借助利润表可以预测企业未来盈利变化的趋势。比如将第1年、第2年、第3年、第4年的利润表排列在一起做比较，如营业利润第1年100万元，第2年200万元，第3年300万元，第4年400万元，从企业营业利润的变化可以看出该企业的盈利呈上升趋势。

（5）评价和考核管理人员绩效。

利润表可以从一个侧面反映企业管理人员的管理业绩和效率。

4. 阅读利润表的步骤与方法

（1）把握结果——赚了多少利润？

在看利润表时，大多数人一般都有一个习惯动作，即从下往上看，很少有人从上往下看。也就是说，首先看的是后面的净利润，然后是利润总额。这就是检查经营成果的第一步：把握结果。把握结果的目的是要看一看企业是盈利还是亏损，如果净利润是正数，说明企业盈利；如果净利润是负数，说明企业亏损。

（2）分层观察——在哪里赚的利润？

分层观察的目的就是要让企业明白到底是在哪儿赚的利润。

在利润表中，企业的营业利润是企业日常经营活动所得利润，最能说明企业盈利能力的大小。如果一个企业的营业利润较多，说明企业具有较好的盈利能力；如果一个企业确实盈利较多，但不是正常的经营业务利润，而是通过无法控制的事项或偶然的交易获得的，则说明企业盈利能力不正常。

（3）项目对比——满意吗？

一是与上期比，二是与预算、计划比。通过这两种方式的比较，可以在一定程度上确定对本年度业绩是否满意。

（4）计算分析相关财务比率——透视经营成果。

报表的阅读者可以通过计算分析营业收入利润率、成本利润率、净资产利润率等财务指标来透视经营成果。这部分内容是本书的重点，在以后的章节里会详细地讲述。

5. 关注人为因素对利润的影响

以下几项人为因素会对企业的利润产生影响：① 成本的结转方法；② 折旧的计算方法；③ 资产减值准备的计提；④ 借款利息资本化的计算。

（三）阅读现金流量表

公司在过去的经营中创造了多少现金？在持续经营中需要多少现金？公司用什么方法

可以产生大量的现金？公司是否在厂房和设备上进行了足够的投入以维持或增加生产能力？公司是否保留了过多的现金？投资活动所需的资金是源于内部资金还是源于借款或其他外部资源？对于现金股利的支付是否需要借入现金？诸如此类的问题在资产负债表和利润表中是很难找到答案的。由于资产负债表和利润表只提供了企业某些方面的信息，因此，就需要在资产负债表和利润表已经反映的企业财务状况和经营成果的基础上，利用现金流量表进一步提供反映企业现金流量的会计信息，构成分别以权责发生制和收付实现制两种核算制度反映的企业财务状况、经营成果和现金流量等方面的信息系统。

1. 现金流量表的概念

现金是企业运营的"血液"，经营活动现金流量、投资活动现金流量和筹资活动现金流量组成了企业的"血液"循环，也组成了一张完整的现金流量表。现金流量表就是一张透视企业"血液"流动状况，反映企业在一定期间内经营活动、投资活动和筹资活动所产生的现金流量，并揭示现金流入和流出原因的动态报表。

2. 现金流量表的结构

现金流量表的结构如表 1-10 所示。

表 1-10　　　　　　　　　　现金流量表的结构

项　目	本期金额	上期金额
一、经营活动产生的现金流量		
销售商品、提供劳务收到的现金		
收到的税费返还		
收到的其他与经营活动有关的现金		
经营活动现金流入小计		
购买商品、接受劳务支付的现金		
支付给职工以及为职工支付的现金		
支付的各项税费		
支付的其他与经营活动有关的现金		
经营活动现金流出小计		
经营活动产生的现金流量净额		
二、投资活动产生的现金流量		
收回投资所收到的现金		
取得投资收益所收到的现金		
处置固定资产、无形资产和其他长期资产所收回的现金净额		
处置子公司及其他营业单位收到的现金净额		
收到的其他与投资活动有关的现金		
投资活动现金流入小计		
购建固定资产、无形资产和其他长期资产所支付的现金		

续表

项目	本期金额	上期金额
投资所支付的现金		
取得子公司及其他营业单位支付的现金净额		
支付其他与投资活动有关的现金		
投资活动现金流出小计		
投资活动产生的现金流量净额		
三、筹资活动产生的现金流量		
吸收投资收到的现金		
取得借款收到的现金		
收到其他与筹资活动有关的现金		
筹资活动现金流入小计		
偿还债务支付的现金		
分配股利、利润或偿付利息所支付的现金		
支付其他与筹资活动有关的现金		
筹资活动现金流出小计		
筹资活动产生的现金流量净额		
四、汇率变动对现金及现金等价物的影响		
五、现金及现金等价物净增加额		
加：期初现金及现金等价物余额		
六、期末现金及现金等价物余额		

3. 现金流量表提供的信息

（1）说明企业现金流入流出的原因。

现金流量表能够提供企业在一定期间内现金的来龙去脉及现金余额变动的会计信息。它可以提示报表阅读者现金从何处来，到何处去。

（2）规划和预测企业未来产生现金的能力。

借助现金流量表提供的信息，可以规划和预测企业未来产生现金的能力。

（3）分析净利润与现金流量差异的原因。

现金流量表最大的功能就是具有透视的功能。借助现金流量表提供的信息，可以分析企业净利润与相关现金流量产生差异的原因。钱是赚回来的，利润是算出来的。对于企业来讲，利润和现金之间到底有多大的差距，可以用现金流量表对它加以透视。

（4）分析财务状况和经营成果的可靠性。

借助现金流量表提供的信息，可以分析和判断企业财务状况，评价企业收益的质量。

（5）分析和判断企业的偿债能力。

借助现金流量表提供的信息，可以分析和判断企业的偿债能力。例如，某个企业某年增加的现金是1 000万元，而经营活动产生的现金流量增加了900万元，说明企业创造现金的能力比较强，靠自身创造的现金来偿还债务的能力强。

4. 现金流量表解读

（1）解读经营活动现金流量的要点。

① 经营活动产生的现金流量应该是正数。

企业是一个财务机体，而作为一个健康的财务机体，现金要具有流动性，这样企业才有"造血"功能。一个企业的经营活动到底有没有"造血"功能，可以用现金流量表的经营活动产生现金净额的正负来判断。

经营活动所产生的现金净额等于经营活动的现金流入量减经营活动的现金流出量。如果企业经营活动所产生的现金净额是正数，表明企业具有"造血"功能；如果是负数，表明企业处于"失血"状态。企业在正常经营时，现金流量应该是正数；企业经营活动处于萎缩阶段，现金流量就可能是负数；企业过度扩张时，流出的现金就会大于流入的现金，现金流量就可能是负数。如果企业连续过度地扩张，而且现金流量连续多年都是负数，就说明企业在业务经营活动上不具有"造血"功能，企业将很难生存。

② 企业经营活动现金净流量是企业利润的保障。

利润是算出来的，如果一个企业要做表面文章，就可以算出很多的利润来，但是如果这个企业不真抓实干，就不可能产生出更多的现金。对企业来讲，利润就应该是现金，而利润和现金之间确实会存在一定的差距。现金流量表可以检验企业利润和现金之间的差距，可以检验企业利润质量的高低。

对于利润的透视，通常要算一个指标，即经营现金指数。经营现金指数的计算公式为：

经营现金指数＝经营活动产生的现金净额÷营业利润

如果营业收入都伴随现金的增加，利润表中的营业收入就是经营活动所产生的现金流入量；如果企业的营业成本、期间费用等必须用现金支付，则营业成本、期间费用就是经营活动所产生现金的流出量，那么营业利润其实就变成了经营活动所产生的现金净额。如果这个关系成立，那么经营现金指数应该是1。在会计核算中，有些成本、费用是不需要支付现金的，如折旧费用、计提的减值准备，所以，正常情况下，经营现金指数大于1。如果一个企业的经营现金指数大于1，那么这个企业的盈利质量是比较高的；如果经营现金指数小于1，表明企业有一部分营业收入没有收回现金，被其他单位占用，形成了应收账款，说明企业的盈利质量低。

③ 保持适度的销售收现率。

对任何一个企业来说，销售和收款都应该有一个适度的比率，这个比率就是销售收现率，计算公式为：

销售收现率＝销售商品提供劳务收到的现金÷主营业务收入×100%

企业销售环节管理得好，销售收现率呈上升趋势；企业销售环节管理得差，则销售收现率呈下降趋势。

> ☞ 提醒你
>
> 假定利润就是现金，企业发生亏损时，销售收现率这个指标的计算就比较困难，此时就只能考虑企业销售过程的收现率是朝好的方向发展，还是朝差的方向发展，应该更多地关注企业经营的过程，而不是结果。

④ 现金流量最大化。

阅读现金流量表更应该关注经营活动的现金流入量和流出量。如果企业经营活动有相当大的现金流入量和流出量,说明企业在持续经营中,业务活动在正常开展。企业现金流量的最大化,是企业充满活力的具体表现。

⑤ 关注支付给职工薪酬的现金。

经营活动所产生的现金流量中,"支付给职工以及为职工支付的现金"也是一个非常重要的指标。通过这个指标可以判断企业的经营环境,可以透视企业业务规模增减的方向。如果一个企业给职工支付的现金呈逐年下降趋势,不仅说明企业业务在萎缩,企业要压缩规模,要裁减员工,还说明这个企业不能留住人才。

（2）解读投资活动现金流量的要点。

① 关注投资的目的、方向和规模。

投资活动包括对内投资和对外投资,投资的目的、方向和规模不同,对企业带来的影响也不一样。如果一个企业只是为了扩大业务规模,则投资方向主要在固定资产、无形资产上,现金流量表中反映的是企业购置固定资产、无形资产和其他长期资产所支付的现金;如果一个企业想打造完整的产业链,则可能会通过兼并收购股权的方式对另一个企业进行控制,那么企业就可能在长期股权上进行投资;如果一个企业想赚钱,但又不想承担太大的风险,那么它可能会在债权上进行投资。

② 检查投资活动是否符合企业发展战略。

任何一个企业都应该有自己的发展战略和长远目标,如企业的5年规划、年度计划和预算等。企业发展战略决定了本年度的资金投放,投资活动应该符合企业发展战略。投资活动现金流量不能用数字的正负去评论,因为当一个企业需要投资的时候,就需要花钱,此时的流出量就会大于流入量,但在投资的回报季节,流入量就会大于流出量。因此,投资活动的正负并不重要,关键的是企业的投资是否符合企业的战略发展方向,是否符合企业的年度经营计划和年度预算。

③ 评估投资风险。

即便投资符合企业的发展战略,符合企业发展方向,还要注意评估企业投资的风险。不同的投资方向,企业所承担的投资风险是不一样的。企业购买固定资产的对内投资与购买股票的对外投资,两者的风险就不一样,前者的风险明显小于后者。企业对内投资当中,购买固定资产的风险又明显低于购买无形资产的风险。

（3）解读筹资活动现金流量的要点。

① 关注筹资方式。

阅读现金流量表筹资活动现金流量时,要关注企业的筹资方式。企业的资金主要来自两个途径:借款和投资者投入。企业的借款包括向银行取得短期借款或长期借款以及向社会发行债券等方式。借款是现金的流入,还本付息是现金的流出。投资者投入是现金的流入,投资者依法撤资是现金的流出。对于筹资活动所产生的现金流量,也不能以正负来加以判断。因为当企业需要资金的时候,就得借款或需要投资者注资,这时现金的流入量就会大于流出量;当企业还本付息时,现金的流出量就会大于流入量。

> **提醒你**
>
> 当投资者把资金注入企业后,通过企业的经营活动获利,此时也会增加企业的现金流入,这也是企业的一种筹资方式。当然,这种现金流入已经反映在经营活动中了,并不会反映在筹资活动中。

② 评估筹资风险。

对于企业筹资是靠负债增加的现金,还是靠投资者投入增加的现金,应该给予充分的关注。因为不同的筹资方式,给企业带来的风险是不一样的。如果企业是靠负债来增加现金,则企业的负债水平就会上升,债务风险就会加大;如果企业的资金主要是投资者投入的,则企业的负债水平会下降,企业的安全系数会增大,但股东的风险会增大。

③ 评估筹资量与企业发展规模。

企业现金剩余过多是缺乏效率的表现,一个企业所拥有的现金应该和一个企业的发展规模相适应。一个企业现金剩余过多,实际上是把钱存在银行,企业获得的仅仅是银行存款利息;而投资人投入的目的是获得比银行存款利息高得多的利润,如果对企业的投资无利可图,投资者会毫不犹豫地撤资。

通过对现金流量表的阅读可以看出,现金流量表中所报告的三种活动产生的现金净流量可构成一系列的现金流量模型。不同的现金流量模型反映出不同企业以及同一企业不同时期的财务状况,所以现金流量模型对分析企业的财务状况是非常重要的。表1-11列示了不同组合的现金流量模型,以及每一现金流量模型所代表的一般意义,以帮助信息使用者分析现金流量表。现金流量的方向、构成及其对财务状况的影响如表1-11所示。

表1-11　　　现金流量的方向、构成及其对财务状况的影响

经营活动现金流量	投资活动现金流量	筹资活动现金流量	关键点分析
-	+	+	企业靠借债维持经营活动所需资金,财务状况可能恶化。应重点分析投资活动现金流量净额是来源于投资回收还是投资收益,如果为前者,则企业将面临非常严峻的形势。
-	+	-	企业财务状况已经十分危险,偿还债务依靠投资活动现金流量。如果投资活动现金流量主要来自投资收回,则企业已面临破产,要高度警惕。
-	-	+	企业靠借债维持日常生产经营活动,且继续扩大生产规模。如果企业处于投入时期并且行业前景乐观,一旦渡过难关,还可能发展,否则危险。
-	-	-	这种情况往往发生在高速扩张的企业,由于对市场预测的失误等原因,经营活动现金流出量大于流入量,投资效率低下,大量扩张的资金投入难以收回,财务状况非常危险。
+	+	+	企业经营和投资收益良好,但其仍继续筹资。这时需要了解是否有良好的投资机会,否则会造成资金的浪费。

续表

经营活动 现金流量	投资活动 现金流量	筹资活动 现金流量	关键点分析
+	+	−	企业债务已进入偿还期，但有足够强的偿债能力，经营和投资活动良性循环，财务状况稳定、安全。
+	−	+	这种情况往往发生在企业扩张时期，在经营状况良好的前提下，通过筹资进行投资，但应分析投资项目未来的投资报酬率。
+	−	−	企业经营状况良好，在偿还前欠债务的同时继续投资，但应关注经营状况的变化，防止经营状况恶化导致财务状况恶化。

对于一个健康的正在成长的企业，经营活动现金净流量应为正数，投资活动现金净流量是负数，筹资活动现金净流量是正负相间的，其来自筹资活动的现金净流量是正数或负数都是正常的。所以，通常不能简单地根据企业来自筹资活动的现金净流量的大小对一个企业做出判断。例如，筹资活动产生的现金净流量是正数，可能表明这个企业是一个年轻而充满活力的企业，因其快速扩张，通常经营活动产生的现金流量无法满足扩张的要求，必须向外部借入额外的资金。筹资活动产生的现金净流量为负数，可能表明这是一个达到稳定发展状态的成熟企业，经营活动创造了足够多的现金流量，能够偿付贷款和发放较高的现金股利。一个高速成长的企业往往需要通过筹资获得大量的资金，以满足资本扩张（投资活动）和经营活动过程中因存货购置及应收账款增加形成的资金缺口。当企业发展到不需要快速增长而维持现状的时候，其来自经营活动的现金流量往往是充足的，能够保证长期资产的购置和支付股利。当企业处于成熟期，其主导产品在市场上占有较大的份额，并源源不断地给企业带来大量现金流量时，企业不但可以进行资本扩张，而且还有剩余资金偿付贷款和支付现金股利。

☞ 知识链接

资产负债表在财务报告体系中的地位和作用

基本财务报表是对企业财务状况、经营成果和现金流量的结构性表述，包括资产负债表、利润表、现金流量表和所有者权益变动表。

通过资产负债表可以判断企业经营的"实力"，展示企业的规模和状况（底子）；通过利润表可以分析这种实力的盈利"能力"，展示企业的财务形象（面子）；通过现金流量表可以判断企业经营的"活力"，展示制约企业生存的现金流（日子）；通过所有者权益变动表可以预测企业未来经营的"潜力"，展示企业股权结构的变化（份子）。

其中，利润表可以看作对资产负债表中留存收益金额当期变动原因的具体说明；现金流量表可以看作对资产负债表中货币资金当期变动原因的具体说明；而所有者权益变动表则可以看作对资产负债表中所有者权益金额变动原因的具体说明。因此可以这样认为："原来四张表实际上是一张表！"而最为核心的是资产负债表，它可以全面、综合地展示企业财务的状况。通过资产负债表分析，报表阅读者可以了解和判断企业的财务状况。

任务二　财务报表案例解读

奥特利伟公司是中国装备制造业的骨干企业，电力成套项目的开发企业，主要生产和销售电线电缆、高压电子铝箔新材料及太阳能光伏产品。以下根据奥特利伟公司公开发布的财务报表，运用前面所讲述的阅读财务报表的步骤与方法，对该公司的三大报表进行解读。

一、资产负债表的解读

奥特利伟公司的资产负债表如表 1-12 所示。

表 1-12　　资产负债表——奥特利伟公司　　单位：元

项　目	2021年12月31日	2020年12月31日	2019年12月31日
流动资产：			
货币资金	8 496 686 451.72	12 536 159 540.58	11 990 109 151.38
交易性金融资产	1 187 862 295.62	813 465 271.55	1 428 536 228.91
衍生金融资产			
应收票据	603 889 007.59	712 130 785.91	661 921 288.59
应收账款	2 601 723 754.68	3 193 313 588.22	3 378 975 309.76
应收账款融资	367 964 504.24	117 242 875.58	157 433 471.39
预付款项	2 137 644 730.38	1 659 480 134.53	717 672 233.25
其他应收款	2 168 234 679.71	1 553 650 284.11	2 156 354 858.24
其中：应收利息			18 263 100.54
应收股利	710 400.00	165 333 870.27	117 588 193.05
存货	821 985 468.20	593 747 913.91	750 901 859.03
合同资产	886 278 174.52		
持有待售资产			
一年内到期的非流动资产			
其他流动资产	142 632 090.84	107 000 946.26	63 385 657.29
流动资产合计	19 414 901 157.50	21 286 191 340.65	21 305 290 057.84
速动资产	16 312 638 868.08	18 925 962 345.95	19 773 330 308.27
非流动资产：			
债权投资			
其他债权投资		766 861 342.47	766 861 342.47
长期应收款			
长期股权投资	20 736 839 442.67	16 365 856 859.47	16 002 780 490.04

续表

项　　目	2021年12月31日	2020年12月31日	2019年12月31日
其他权益工具投资	12 296 766.68	10 422 293.30	9 687 705.46
其他非流动金融资产	2 551 158 603.03	1 306 866 060.69	272 448 484.40
投资性房地产			
固定资产	2 913 189 887.58	3 154 517 499.34	3 083 152 536.77
在建工程	56 064 606.65	159 148 386.92	272 925 968.55
生产性生物资产			
油气资产			
使用权资产			
无形资产	507 383 090.46	517 269 489.28	492 672 164.53
开发支出			
商誉			
长期待摊费用			
递延所得税资产	192 478 848.46	24 518 946.24	21 566 159.27
其他非流动资产	655 350 997.94	42 876 491.78	54 119 864.52
非流动资产合计	27 624 762 243.47	22 348 337 369.49	20 976 214 716.01
资产总计	47 039 663 400.97	43 634 528 710.14	42 281 504 773.85
流动负债：			
短期借款	68 096 756.57	1 926 190 802.40	2 001 510 109.90
交易性金融负债	780 930.00		467 000.00
衍生金融负债			
应付票据	1 614 472 461.76	1 296 807 143.24	1 051 340 380.41
应付账款	2 722 878 093.90	1 687 032 370.00	2 180 408 837.51
预收款项			1 884 911 264.20
合同负债	938 592 772.13	1 611 531 289.86	
应付职工薪酬	118 099 357.73	8 177 821.28	27 247 661.92
应交税费	62 385 964.76	474 354.30	991 578.19
其他应付款	4 607 137 867.09	2 695 794 815.71	1 761 413 534.08
其中：应付利息	23 484 248.73	8 441 777.01	15 712 876.73
应付股利	234 959 758.67	293 342 000.00	275 042 000.00
持有待售负债			
一年内到期的非流动负债	1 654 000 000.00	3 116 578 986.04	699 000 000.00
其他流动负债	666 729 055.79	111 957 694.89	
流动负债合计	12 453 173 259.73	12 454 545 277.72	9 607 290 366.21
非流动负债：			
长期借款	6 781 257 552.01	3 369 500 000.00	5 766 000 000.00
应付债券		500 000 000.00	500 000 000.00

续表

项　　目	2021年12月31日	2020年12月31日	2019年12月31日
其中：优先股			
永续债			
租赁负债			
长期应付款			
预计负债			
递延收益	136 969 410.67	119 243 149.76	157 818 439.58
递延所得税负债	308 772 071.91	169 137 432.98	70 326 473.91
其他非流动负债			
非流动负债合计	7 226 999 034.59	4 157 880 582.74	6 494 144 913.49
负债合计	19 680 172 294.32	16 612 425 860.46	16 101 435 279.70
股东权益			
股本	3 788 550 289.00	3 714 312 789.00	3 714 312 789.00
其他权益工具	4 170 000 000.00	4 900 000 000.00	4 500 000 000.00
其中：优先股			
永续债	4 170 000 000.00	4 900 000 000.00	4 500 000 000.00
资本公积	10 946 150 786.98	10 474 752 254.84	10 427 685 274.90
减：库存股			
其他综合收益	874 181 212.81	743 133 790.93	199 253 638.14
专项储备	32 151.66	32 151.66	48 896.55
盈余公积	1 570 964 354.82	1 430 612 769.09	1 354 933 675.19
未分配利润	6 009 612 311.38	5 759 259 094.16	5 983 835 220.37
股东权益	27 359 491 106.65	27 022 102 849.68	26 180 069 494.15
负债和股东权益总计	47 039 663 400.97	43 634 528 710.14	42 281 504 773.85

（一）总额观察财务变化方向

奥特利伟公司2020年和2021年的资产、负债、股东权益增减变动情况如表1-13所示。

表1-13 奥特利伟公司2020年和2021年的资产、负债、股东权益增减变动情况

年份	资产		负债		股东权益	
	增减金额/元	增减幅度	增减金额/元	增减幅度	增减金额/元	增减幅度
2020年	1 353 023 936.29	3.20%	510 990 580.76	3.17%	842 033 355.53	3.22%
2021年	3 405 134 690.83	7.80%	3 067 746 433.86	18.47%	337 388 256.97	1.24%

该公司2020年资产总额比上年增加1 353 023 936.29元，增幅3.20%；负债总额比上年增加510 990 580.76元，增幅3.17%；股东权益总额比上年增加842 033 355.53元，增幅3.22%。2021年资产总额比上年增加3 405 134 690.83元，增幅7.80%；负债总额比上年增

加 3 067 746 433.86 元,增幅 18.47%;股东权益总额比上年增加 337 388 256.97 元,增幅 1.24%。从以上数据可以看出,企业资产规模在不断扩张,企业在进行外延式的扩大再生产。2020 年企业资产增加的资金有 60% 来源于股东权益,表明企业具有较好的盈利能力,执行稳健的股利政策。但是 2021 年该企业资产增加的资金有 90% 来源于负债,反映企业盈利能力较弱,资产规模的扩大所需资金主要依赖负债筹资。

(二)浏览具体项目寻找变化原因

奥特利伟公司资产、负债、股东权益各项目增减变动情况如表 1-14 所示。

表 1-14　奥特利伟公司资产、负债、股东权益各项目增减变动情况

项目	2020 年比 2019 年		2021 年比 2020 年	
	增减金额/元	增减幅度	增减金额/元	增减幅度
金融资产	550 860 571.24	1.50%	1 350 686 604.06	3.61%
存货	−157 153 945.12	−20.93%	228 237 554.29	38.44%
固定资产	71 364 962.57	2.31%	−241 327 611.76	−7.65%
在建工程	−113 777 581.63	−41.69%	−103 083 780.27	−64.77%
无形资产	24 597 324.75	4.99%	−9 886 398.82	−1.91%
短期借款	−75 319 307.5	−3.76%	−1 858 094 045.83	−96.47%
应付及预收账款	−2 132 820 968.88	−41.68%	1 353 511 042.42	45.36%
应付职工薪酬	−19 069 840.64	−69.99%	109 921 536.45	1300.44%
长期借款	−2 396 500 000.00	−41.56%	3 411 757 552.01	101.25%
股本及资本公积	47 066 979.94	0.33%	545 636 032.14	3.85%
留存收益	−148 897 032.31	−2.03%	390 704 802.95	5.43%

从以上整理计算的表格可以看出,2020 年是公司萎缩的一年,主要表现在存货、在建工程、应付及预收账款、应付职工薪酬、长期借款均呈较大幅度的减少;2021 年公司的在建工程转化为固定资产,增加了企业的产能,表现在存货的大幅度增加,另外公司通过借入长期借款,部分用于归还短期借款,降低了公司的财务风险。

二、利润表的解读

奥特利伟公司的利润表如表 1-15 所示。

表1-15　　　　　　　　　利润表——奥特利伟公司　　　　　　　　单位：元

项　目	2021年	2020年	2019年
一、营业收入	8 285 712 179.35	6 491 469 437.92	7 658 547 813.65
减：营业成本	6 974 579 639.52	5 290 162 351.49	6 242 504 888.86
税金及附加	36 905 470.86	39 071 774.45	32 681 367.32
销售费用	255 626 673.43	324 798 711.95	401 192 465.34
管理费用	684 338 865.00	438 834 238.80	476 229 502.24
研发费用	54 394 665.91	48 011 263.07	54 955 522.84
财务费用	47 559 811.05	276 297 184.58	−79 703 036.05
其中：利息费用	326 935 537.89	328 559 077.97	410 994 402.00
利息收入	268 065 351.62	204 250 115.38	391 400 406.75
加：其他收益	44 739 023.41	69 512 230.19	96 092 620.29
投资收益（损失以"−"号填列）	1 172 987 475.92	578 566 258.05	588 738 968.72
其中：对联营企业和合营企业的投资收益	341 584 077.48	203 968 865.42	356 792 007.92
以摊余成本计量的金融资产终止确认收益（损失以"−"号填列）	−5 840 666.16	−5 160 840.71	−5 128 995.59
净敞口套期收益（损失以"−"号填列）	0.00		
公允价值变动收益（损失以"−"号填列）	1 066 438 441.44	98 196 361.97	28 798 182.55
信用减值损失（损失以"−"号填列）	−856 666 214.57	−11 675 980.24	−78 813 055.75
资产减值损失（损失以"−"号填列）	−203 889 827.85		
资产处置收益（损失以"−"号填列）	23 360 930.99	40 583 501.36	48 701 938.10
二、营业利润（亏损以"−"号填列）	1 479 276 882.92	849 476 284.91	1 371 831 868.51
加：营业外收入	13 260 741.10	15 147 984.80	9 110 960.02
减：营业外支出	14 988 401.19	16 644 882.70	9 276 337.81
三、利润总额（亏损总额以"−"号填列）	1 477 549 222.83	847 979 387.01	1 371 666 490.72
减：所得税费用	74 033 365.53	91 188 448.03	143 374 844.65

续表

项　目	2021 年	2020 年	2019 年
四、净利润（净亏损以"-"号填列）	1 403 515 857.30	756 790 938.98	1 228 291 646.07
（一）持续经营净利润（净亏损以"-"号填列）	1 403 515 857.30	756 790 938.98	1 228 291 646.07
（二）终止经营净利润（净亏损以"-"号填列）			
五、其他综合收益的税后净额	131 047 421.88	543 880 152.79	47 230 643.29
（一）不能重分类进损益的其他综合收益	1 593 302.37	-225 600.34	
1. 重新计量设定受益计划变动额			
2. 权益法下不能转损益的其他综合收益			
3. 其他权益工具投资公允价值变动	1 593 302.37	-225 600.34	
4. 企业自身信用风险公允价值变动			
（二）将重分类进损益的其他综合收益	129 454 119.51	544 105 753.13	47 230 643.29
1. 权益法下可转损益的其他综合收益	-3 555 609.82	-1 712 299.43	1 065 303.03
2. 其他债权投资公允价值变动	-749 842 141.10		29 648 850.00
3. 金融资产重分类计入其他综合收益的金额			
4. 其他债权投资信用减值准备	653 400 000.00		
5. 现金流量套期储备	229 451 870.43	545 818 052.56	16 516 490.26
6. 外币财务报表折算差额			
六、综合收益总额	1 534 563 279.18	1 300 671 091.77	1 275 522 289.36
七、每股收益			
（一）基本每股收益			
（二）稀释每股收益			

（一）把握结果——赚了多少钱？盈利能力如何？

奥特利伟公司营业利润、利润总额、净利润实现情况如表1-16所示。

表1-16　　　　奥特利伟公司营业利润、利润总额、净利润实现情况　　　　单位：元

项　目	2021年	2020年	2019年
营业利润	1 479 276 882.92	849 476 284.91	1 371 831 868.51
利润总额	1 477 549 222.83	847 979 387.01	1 371 666 490.72
净利润	1 403 515 857.30	756 790 938.98	1 228 291 646.07

从以上表格中的数据可以看出，公司近三年均实现盈利，但2020年受疫情影响，盈利水平有所下降。

（二）分层观察——在哪里赚的钱？是来自日常经营活动还是偶然所得？

奥特利伟公司营业利润占利润总额的比例、营业外收支净额占利润总额的比例情况如表1-17所示。

表1-17　　奥特利伟公司营业利润占利润总额的比例、营业外收支净额占利润总额的比例情况

单位：千元

项　目	2021年	2020年	2019年
利润总额	1 477 549 222.83	847 979 387.01	1 371 666 490.72
营业利润	1 479 276 882.92	849 476 284.91	1 371 831 868.51
营业外收支净额	−1 727 660.09	−1 496 897.90	−165 377.79
营业利润占利润总额的比例	100.12%	100.17%	100.01%
营业外收支净额占利润总额的比例	−0.12%	−0.17%	−0.01%

从以上整理计算的表格数据可以看出，公司近三年年营业利润占利润总额的比例分别为100.12%、100.17%、100.01%，公司的盈利主要来自日常经营活动。

（三）项目对比——满意吗？

奥特利伟公司营业利润、利润总额、净利润变动情况如表1-18所示。

表1-18　　　　奥特利伟公司营业利润、利润总额、净利润变动情况　　　　单位：元

项　目	2020年比2019年		2021年比2020年	
	增加金额/元	增加幅度	增加金额/元	增加幅度
营业利润	−522 355 583.60	−38.08%	629 800 598.01	74.14%
利润总额	−523 687 103.71	−38.18%	629 569 835.82	74.24%
净利润	−471 500 707.09	−38.39%	646 724 918.32	85.46%

从以上整理计算的表格数据可以看出，2021年公司的营业利润、利润总额、净利润均发

生了大幅的增长,克服了疫情对公司带来的不利影响。项目对比结果显示,公司发展变化令人满意,不过还要与计划、预算及同行业的其他企业再做比较。

三、现金流量表的解读

奥特利伟公司的现金流量表如表 1-19 所示。

表 1-19　　　　　　　　　　现金流量表——奥特利伟公司　　　　　　　　　　单位:元

项　　目	2021 年	2020 年	2019 年
一、经营活动产生的现金流量			
销售商品、提供劳务收到的现金	7 261 356 784.76	6 518 011 414.95	11 129 147 807.72
收到的税费返还	61 920 770.99	24 139 643.21	130 080 707.31
收到的其他与经营活动有关的现金	3 289 528 208.15	2 933 816 774.93	2 193 164 686.38
经营活动现金流入小计	10 612 805 763.90	9 475 967 833.09	13 452 393 201.41
购买商品、接受劳务支付的现金	6 932 816 857.41	6 500 779 341.52	7 226 789 512.09
支付给职工以及为职工支付的现金	694 955 060.56	599 832 483.49	627 396 308.10
支付的各项税费	243 104 783.46	295 554 514.51	183 301 222.62
支付的其他与经营活动有关的现金	2 004 595 985.78	1 253 548 344.35	1 185 409 715.97
经营活动现金流出小计	9 875 472 687.21	8 649 714 683.87	9 222 896 758.78
经营活动产生的现金流量净额	737 333 076.69	826 253 149.22	4 229 496 442.63
二、投资活动产生的现金流量			
收回投资所收到的现金	2 873 437 550.00	7 304 022 460.53	2 679 851 655.62
取得投资收益所收到的现金	1 363 166 907.14	544 732 973.67	450 038 399.53
处置固定资产、无形资产和其他长期资产所收回的现金净额	33 940 652.63	76 738 459.28	58 945 410.81
处置子公司及其他营业单位收到的现金净额	0.00		13 753 413.45
收到的其他与投资活动有关的现金	50 155 250.78	34 008 195.63	
投资活动现金流入小计	4 320 700 360.55	7 959 502 089.11	3 202 588 879.41
购建固定资产、无形资产和其他长期资产所支付的现金	123 528 995.64	104 392 096.44	124 519 136.36
投资所支付的现金	7 508 464 411.80	7 288 367 046.53	6 223 426 740.44
取得子公司及其他营业单位支付的现金净额	0.00		
支付其他与投资活动有关的现金	65 155 250.78		25 798 711.55
投资活动现金流出小计	7 697 148 658.22	7 392 759 142.97	6 373 744 588.35

续表

项　目	2021年	2020年	2019年
投资活动产生的现金流量净额	-3 376 448 297.67	566 742 946.14	-3 171 155 708.94
三、筹资活动产生的现金流量			
吸收投资收到的现金	2 525 613 207.60	1 393 275 000.00	768 075 000.00
取得借款收到的现金	8 006 176 808.58	6 269 252 007.85	10 074 684 209.29
收到其他与筹资活动有关的现金			
筹资活动现金流入小计	10 531 790 016.18	7 662 527 007.85	10 842 759 209.29
偿还债务支付的现金	7 817 653 437.85	6 264 860 765.00	7 387 872 846.80
分配股利、利润或偿付利息所支付的现金	1 354 489 499.37	1 174 445 515.36	1 257 249 968.42
支付其他与筹资活动有关的现金	2 732 750 000.00	1 012 890 557.82	397 913 074.18
筹资活动现金流出小计	11 904 892 937.22	8 452 196 838.18	9 043 035 889.40
筹资活动产生的现金流量净额	-1 373 102 921.04	-789 669 830.33	1 799 723 319.89
四、汇率变动对现金及现金等价物的影响	20 615 060.39	-53 958 171.07	-14 052 908.83
五、现金及现金等价物净增加额	-3 991 603 081.63	549 368 093.96	2 844 011 144.75
加：期初现金及现金等价物余额	12 464 390 854.21	11 915 022 760.25	9 071 011 615.50
六、期末现金及现金等价物余额	8 472 787 772.58	12 464 390 854.21	11 915 022 760.25

对现金流量表相关数据进行整理，如表1-20所示。

表1-20　　　　　　　　　　　现金流量表相关数据　　　　　　　　　　单位：元

项　目	2021年	2020年	2019年
经营活动产生的现金流量净额	737 333 076.69	826 253 149.22	4 229 496 442.63
投资活动产生的现金流量净额	-3 376 448 297.67	566 742 946.14	-3 171 155 708.94
其中：购建固定资产、无形资产和其他长期资产所支付的现金	123 528 995.64	104 392 096.44	124 519 136.36
筹资活动产生的现金流量净额	-1 373 102 921.04	-789 669 830.33	1 799 723 319.89
其中：吸收投资收到的现金	2 525 613 207.60	1 393 275 000.00	768 075 000.00
取得借款收到的现金	8 006 176 808.58	6 269 252 007.85	10 074 684 209.29

该公司经营活动产生的现金流量净额为正数，说明公司具有较好的"造血"功能，但是，近三年呈递减趋势，说明公司经营规模的缩减和"造血"功能的减弱；2019年、2021年公司的投资活动产生的现金流量净额为负数，说明其投资大部分用于购建固定资产、无形资产和其他长期资产，企业正在进行规模扩张，但是2020年公司受疫情影响，企业进行了收缩。通过对筹资活动产生的现金流量净额、吸收投资收到的现金和取得借款收到的现金的观察，可以看出公司的筹资主要来自外部借入资金。2021年公司经营活动产生的现金流量净额为

正数，投资活动产生的现金流量净额为负数，筹资活动产生的现金流量净额为负数，即公司的现金流量是"＋、－、－"模型，说明公司经营状况良好，在偿还前欠债务的同时继续投资，但还是应关注经营状况的变化，防止经营状况恶化导致财务状况恶化。

对现金流量表的解读一般还要结合资产负债表和利润表，运用财务报表分析的专门方法进行综合分析。

任务三　认知财务报表分析的基本内容与方法

财务报表分析是以企业的财务报表和其他资料为基本依据，采用专门的分析工具和方法，从财务报表中寻找有用的信息，有效地寻求企业经营和财务状况变化的原因，从而对企业的财务状况、经营成果和现金流量进行综合与评价的过程。

、财务报表分析的主体与目的

通过财务报表分析，可以了解企业过去的生产经营情况，掌握企业生产经营的规律性；可以了解企业经营管理现状和存在的问题，评价企业生产经营的现状；可以预测企业的未来，为企业参与市场竞争和制定发展战略服务。

正因为如此，财务报表分析对于所有的财务信息使用人都具有现实意义。一般情况下，与企业有着经济利益的方方面面都会成为企业财务会计报告的用户，并且他们站在各自的立场上，对目标企业的财务状况、现金流量和经营成果进行分析与评价，从而为自己的决策服务。

企业财务报表分析的主体有企业经营管理者、企业投资者、企业债权人以及其他与企业经济利益有关系的单位或个人。不同的分析者有着不同的利益侧重点，进行财务报表分析的具体目标也各不相同。

（一）企业经营管理者

企业经营管理是一项复杂的系统工程。企业在经营中往往由于资金没有适度地调配、生产组织控制不佳、销售过程工作失误等许多客观的和主观的因素，导致经营发生不良后果。因此，经营管理者务必要迅速获得企业的重要财务信息，以便采取必要的措施和有效的方法，应付瞬息万变的情况。进行财务报表分析是经营管理者得到财务信息的有效途径。

企业经营管理者进行财务报表分析的目的是综合的、多方面的。为了满足不同利益主体的需要，协调各方面的利益关系，经营管理者不仅要关心企业的盈利结果，还要对盈利过程进行分析。具体来说，企业经营管理者进行财务报表分析的目的是：① 通过财务报表分析，将错综复杂的会计数字转化为简单明了的财务信息，以增强财务会计资料对经营者的有用性；② 通过财务报表分析，扼要地观察企业目标完成情况和企业目前的财务状况，并进一步了解影响企业经营目标完成程度以及财务状况优劣的具体原因，以便采取措施，改进工作；③ 通过财务报表分析，预测企业未来的发展前景，从而做出正确的经营决策。

（二）企业投资者

企业的投资者包括企业的所有者和潜在的投资者，他们投资的目的都是取得盈利，分享企业的利润。因此，考察企业的盈利能力是投资者进行财务报表分析的根本目的。不过，投资者仅关心盈利能力是不够的，企业在经营过程中往往还伴随着经营风险，这也就意味着投资者也面临着投资风险。因此，投资者还要对企业经营方式、投资风险和收益的稳定性进行财务分析。另外，投资者对企业的财务结构、股利分配率的高低和财务规划也十分关心，这些信息有助于他们预测企业未来的发展前景，做出新的投资决策。例如，潜在投资者是否向企业投资，企业所有者是否保持现有投资和追加新的投资，等等。

当然，对于一般投资者和拥有企业控制权的投资者来说，他们进行财务报表分析的目的也有所差别。一般投资者更关心企业提高股息和红利的发放，对企业的长远发展不感兴趣；而对于拥有企业控制权的投资者，他们拥有企业更多的股份，希望企业能够不断壮大，从而获得更多的利益，因此他们考虑较多的是增强企业的竞争实力，扩大市场占有率，降低财务风险和纳税支出，追求长期利益的持续稳定增长。

企业投资者对企业财务分析的重视程度远远超过债权人和其他财务分析主体，他们分析企业财务时，一般不进行查找原因的分析，而特别注重企业现在的经营成果、股利分配政策和未来的发展前景。

（三）企业债权人

债权人向企业提供资金的方式尽管与投资者有所不同，但这些债权因为签订契约而具有法律效力。因此，债权人在决定是否授予企业信用之前，必须通过债务人的财务报表，分析、判断与评价企业的偿债能力。企业的债权人，尤其是那些已经贷款给企业或将要贷款给企业的银行或其他金融机构，他们贷款给企业必然要求企业具有按时、足额还本付息的能力。如果借款企业的经营状况较好，则债权人的权益就会得到保证；如果借款企业的经营状况不佳或发生意外事故，则债权人的权益必将处于危险之中。因此，银行或其他金融机构在决定是否对某一企业贷款时，必然审慎分析借款企业的财务状况。由于债权人所授予的信用期限、信用条件、抵押品等方面的情况有所不同，债权人往往对财务报表采用不同的分析方法、分析内容和评价标准。

对于短期债权人，财务分析的目的在于了解借款企业短期财务状况、短期偿债能力及存货周转情况等，以便决定是否收回贷款或停止贷款。短期债权人关心企业的财务状况（偿债能力）超过关心企业的经营效益（盈利能力）。

对于长期债权人，一般重视借款企业未来较长期间的偿债能力，所以需要的财务信息较详细，分析的范围也较广泛。因此，长期债权人财务分析的目的在于根据借款企业现在的经营情况和财务状况，预测其未来较长期间的偿债能力、经营前景以及企业在竞争中的应变能力，以便做出对借款企业是否长期贷款的决策。长期债权人进行财务分析的重点是预测企业未来的发展前景。

（四）注册会计师和审计人员

注册会计师和审计人员进行财务分析的主要资料是企业对外财务报表。会计师和审计人员对某一企业的财务报表进行审查签证后,必须出具查账报告书,并明确指出被查单位的会计处理是否符合一般公认会计原则,对所提供的财务报告是否足以公正表达某一特定期间的财务状况和经营成果表示意见。

注册会计师和审计人员进行财务分析主要是通过研究不同财务数据以及财务数据与非财务数据之间的内在关系,对财务信息做出评价。注册会计师对会计报表进行分析的目的主要是判断企业财务状况和经营成果的真实性与合理性,并将分析的结果作为全面分析评价企业会计报表是否可靠的结论。

(五) 其他企业利益相关者

除了上述人员关注企业的财务报表以外,其他相关部门也会出于各自的需要关注企业的财务报表,这些部门主要包括税务部门、财政部门、工商行政管理部门和国有资产管理机构等。例如,财政部门通过了解企业的财务状况掌握企业资金的流向,进而制定相应的财政政策来规范企业的发展;税务部门可采用财务分析的特定方法了解企业报税所得是否合理,计税方法是否正确,应纳税额是否及时上交;企业主管部门可以通过对企业的财务分析监督所辖企业各项计划(预算)指标的执行情况,以便进行综合平衡;国有资产管理部门主要通过对企业会计报表的分析掌握国有资产的运用效率与投资报酬率,从投资者角度研究分析企业的财务状况与经营成果。律师可将财务分析作为深入追查各类经济案件的有效手段。企业的供应商和客户一方面要求企业能够按时、按质、按量地完成双方的交易行为,另一方面关心企业能否及时清算各种款项,因此,他们需要分析企业的存货周转情况、支付能力和偿债能力等,了解企业短期的财务状况,并根据企业利润表中反映的企业交易完成情况来判断企业的信用额度,从而确定是否与企业进行交易。

二、财务报表分析的内容

综合不同的财务报表分析主体的诉求,财务报表分析的内容主要包括以下五个方面。

(一) 偿债能力分析

偿债能力是指企业如期偿付债务的能力,包括短期偿债能力和长期偿债能力。由于短期债务是企业日常经营活动中弥补营运资金不足的一个重要来源,因而对短期偿债能力的分析有助于判断企业短期资金的营运能力以及营运资金的周转状况。通过对长期偿债能力的分析,不仅可以判断企业的经营状况,还可以促使企业提高融通资金的能力,因为长期负债是企业资本化资金的重要组成部分,也是企业的重要融资途径。而从债权人的角度看,通过偿债能力分析,可以了解其贷款的安全性,以保证其债务本息能够即时、足额地得以偿还。

(二) 营运能力分析

营运能力分析主要是对企业所运用的资产进行全面分析,分析企业各项资产的使用效果、资金周转的快慢以及挖掘资金的潜力,提高资金的使用效果。

（三）盈利能力分析

盈利能力分析主要是通过将资产、负债、股东权益与经营成果相结合来分析企业的各项报酬率指标，从不同角度判断企业的获利能力。

（四）发展能力分析

企业发展能力通常是指企业未来生产经营活动的发展趋势和发展潜能，也可以称为增长能力。企业的发展能力对股东、潜在投资者、经营者及其他相关利益团体至关重要。企业增长空间如何、增长是否可持续是评价企业投资价值的重要因素。

（五）现金流量分析

现金流量分析主要通过现金流量的结构分析、流动性分析、获取现金能力分析、财务弹性分析、收益质量分析等五个方面来分析评价企业资金的来龙去脉、融投资能力和财务弹性。

以上五个方面的财务分析指标中，偿债能力是财务目标实现的稳健保证，营运能力、发展能力和现金流量是财务目标实现的物质基础，盈利能力是它们共同作用的结果，这五个方面共同构成企业财务报表分析的基本内容。

三、财务报表分析的方法

财务报表的主体部分是由数字组成的，纷繁的数字往往令人眼花缭乱。这里介绍几种财务报表分析的基本方法，运用这些方法，数字将不再是"一团乱麻"，而将"井然有序"地为决策服务。不能说实现净利润2 000万元的公司就一定比实现净利润1 000万元的公司经营得好，因为有可能前者是通过3亿元的投资实现了2 000万元的利润，后者却只通过2 000万元的投资便实现了1 000万元的利润；有可能前者去年实现了1亿元的利润，今年却猛降到2 000万元，后者去年仅仅实现利润500万元，今年却翻了一番。我们不能单单看数字，而应透过数字看到企业经营的本质，只有对这些本质情况加以分析和了解，才能做出正确的决策。

扫码学习微课：
财务报表分析的方法

财务报表分析的方法主要包括比较分析法、比率分析法和因素分析法。

（一）比较分析法

比较分析法是对两个或两个以上的可比数据进行对比，找出企业财务状况、经营成果中的差异与问题。根据比较对象的不同，比较分析法分为趋势分析法、横向比较法和预算差异分析法。

比较分析法是将实际数据与性质相同的各种标准进行对比，从数量上确定其差异，并进行差异分析的一种分析方法，也就是将报表中的各项数据与预算、前期、其他企业等的同类数据进行比较。财务分析中经常使用的比较标准有以下几种。

1. 公认标准

公认标准是对各类企业不同时期都普遍适用的指标评价标准。典型的公认标准是

2∶1的流动比率和1∶1的速动比率,利用这些标准能揭示企业短期偿债能力及财务风险的一般状况。

> **☞ 提醒你**
>
> 由于行业情况、社会经济情况和企业自身情况的不同,公认标准中的这些比率未必适合于所有的企业。很多企业早已触碰了公认标准的"禁区",但仍然经营得有声有色,发展得也很好。公认比率一般都是针对制造业而言的,基本形成于西方的商业实践中,其应用范围必然有所局限。因此,对于经验标准,我们切不可生搬硬套,既要重视公认标准所体现的一般性,也要重视企业和环境的特殊性,并结合其他的几项标准对企业财务报表做出综合分析。

2. 行业标准

行业标准是由行业制定的,能够反映整个行业的总体情况。企业运用行业标准,既可以了解企业在行业中的发展水平和地位,还可以通过比较了解竞争对手的情况。

3. 目标标准

目标标准是反映本企业目标水平的指标评价标准,主要指的就是企业所制定的预算和计划等。很多企业都会在经营中运用预算进行管理,在制定预算的时候,自然就产生了未来用作对比分析的目标标准。运用目标标准可以判断企业在完成自身的目标上表现如何,是勉强完成、未能完成还是超额完成。当企业的实际财务指标达不到目标标准时,应进一步分析原因,以便改进财务管理工作。

4. 历史标准

历史标准就是企业自身的历史上该指标的实际值。例如,上年营业收入、历史最好年份的营业利润率等便是历史标准。历史标准是历史上本企业的实际情况,因此具有客观、准确、可靠的优点,同时还具有很强的可比性。

不同的标准具有不同的指向意义:历史标准是"向后看齐";目标标准是"向前看齐";行业标准是"向左看齐";公认标准是"向经验看齐"。

> **☞ 知识链接**
>
> **标准财务比率的资料收集**
>
> 美国、日本等一些工业发达国家的某些政府机构定期公布各行业的财务方面的统计指标,为报表使用者进行分析提供帮助,我国目前尚无这方面的正式刊物。目前,《中国证券报》《金融时报》和一些财经网站会定期提供某些上市公司的财务比率,包括一些行业的平均数据,作为企业标准财务比率参考数据。

(二)比率分析法

比率分析法是指通过计算各种比率指标来确定财务活动变动程度的方法。

比率分析法是在同一张财务报表的不同项目或不同类别之间,或在不同财务报表的有关项目之间,用两项相关数值的比率反映它们之间的相互关系,揭示企业财务状况和经营成果的一种分析方法。比率分析法以其简单、明了、可比性强等优点在财务分析实践中被广泛采用。

比率指标主要有三种类型，分别是构成比率、效率比率和相关比率。

1. 构成比率

构成比率又称结构比率，是将财务报表中某一关键项目的数字作为基数（100%），计算该项目各组成部分占总体的比例，简单地说就是"部分和整体的比率"。通过构成比率分析可以揭示各项目的相对重要性，可以清楚地看到财务指标的构成是否合理，进而做出判断和决策。通常情况下，资产负债表中以资产总额为基数，利润表中以营业收入或利润总额为基数，而现金流量表中则以某一项现金总流入或现金总流出为基数。

2. 效率比率

效率比率是指所费和所得的比例。例如，可以将利润项目与营业收入、成本等进行比较，得出营业利润率、成本利润率等指标，这些指标反映了投入和产出的关系，可以运用这些指标考察企业的经营效益状况。

3. 相关比率

相关比率是相关报表项目数据之间的比例。例如，可以将流动资产和流动负债进行比较得出流动比率，根据这个比率可以判断企业的短期偿债能力如何。

各种不同的比率本身并不说明问题，只能同一定的标准进行比较才能说明问题。由于报表使用者不同，分析比率的着眼点、用途、目的不同，因而比较的标准也有所不同，这样根据分析结果做出的解释也会有所不同。另外，由于每一个比率只涉及企业生产经营过程中的一个方面，而企业生产经营活动本身是错综复杂的，因而不能孤立地、简单地根据某一个或某几个比率的分析得出结论，而是应该把它们有机结合起来，把比率分析和比较分析等结合起来，才能得出正确的结论。

> **☞ 提醒你**
>
> 运用比率分析法需要注意以下几个问题：一是计算比率的对比口径应该具有一致性，这里的口径既包含时间也包括范围；二是对比的项目必须具有内在的联系，部分和整体存在着联系，投入和产出之间存在着关系，只有将相互联系的项目进行对比，才能体现出比率的意义，进而发现比率背后的本质经济活动；三是世界上不存在绝对完美的比率，任何比率都存在瑕疵和不足，因此，在应用比率的时候既要充分参考，又不能盲从。

（三）因素分析法

因素分析法是依据分析指标与其影响因素之间的关系，按照一定的程序和方法，确定各因素对分析指标差异影响程度的一种技术方法。

因素分析法根据其分析特点可分为连环替代法和差额分析法两种，下面介绍比较简单实用的连环替代法。

1. 确定分析指标与其影响因素之间的关系

确定分析指标与其影响因素之间关系的方法通常是指标分解法，即将经济指标在计算公式的基础上进行分解或扩展，从而得出各影响因素与分析指标之间的关系式。如某一经济指标 P，可以将其影响因素分解为 A、B、C，其关系如下：

$P = A \times B \times C$

2. 确定分析对象

根据分析指标的基期数值与报告期数值列出两个关系式(或指标体系),确定分析对象。如某一经济指标 P,两个指标体系是:

$P_0 = A_0 \times B_0 \times C_0$; $P_1 = A_1 \times B_1 \times C_1$。

3. 计算分析对象

分析对象=报告期指标(P_1)-基期指标(P_0)。

4. 进行替代计算

第一次替代:$A_1 \times B_0 \times C_0$;第二次替代:$A_1 \times B_1 \times C_0$;第三次替代:$A_1 \times B_1 \times C_1$。

5. 计算各因素对分析指标的影响程度

利用各影响因素的报告期数值与基期数值的差额,在其他因素不变的假定条件下,计算各因素对分析指标的影响程度。如经济指标 P 的不同影响因素的影响程度分别为:

A 因素的影响程度:$A_1 \times B_0 \times C_0 - A_0 \times B_0 \times C_0$;

B 因素的影响程度:$A_1 \times B_1 \times C_0 - A_1 \times B_0 \times C_0$;

C 因素的影响程度:$A_1 \times B_1 \times C_1 - A_1 \times B_1 \times C_0$。

6. 检验分析结果

将各因素对分析指标的影响额相加,其代数和应等于分析对象。如果二者相等,说明分析结果可能是正确的;如果二者不相等,则说明分析结果一定是错误的。

教学案例

【案例1-1】 某公司2021年原材料实际费用为14 000元,2022年原材料实际费用为15 600元。原材料的费用是受原材料单价、单位产品耗费材料量和产品产量三个因素影响的,如表1-21所示。

表1-21 各因素对原材料费用的影响

项 目	单 位	2021年	2022年	差 异
产品产量	件	200	240	40
单位产品耗费材料量	千克/件	7	5	-2
原材料单价	元/千克	10	13	3
原材料费用	元	14 000	15 600	1 600

根据表中的资料可知,正是这三个因素的报告期与基期的差异导致原材料费用的变化。可以运用连环替代法,计算各因素的变化对原材料费用的影响程度。

2021年基期:$200 \times 7 \times 10 = 14\ 000$(元)……①

第一次替代(产品产量的替换):

$240 \times 7 \times 10 = 16\ 800$(元)……②

第二次替代(单位产品耗费材料量的替换):

$240 \times 5 \times 10 = 12\ 000$(元)……③

第三次替代（原材料单价的替换）：

240×5×13＝15 600（元）……④

分析各因素对原材料费用的影响：

产品产量变化的影响：②－①＝16 800－14 000＝2 800（元）

材料耗用量变化的影响：③－②＝12 000－16 800＝－4 800（元）

原材料单价变化的影响：④－③＝15 600－12 000＝3 600（元）

各因素变化对原材料费用的总影响：2 800＋（－4 800）＋3 600＝1 600（元）

在企业经济活动中，一些综合性经济指标往往是由于受多种因素的影响而变动的。在分析这些综合性经济指标时，就可以从影响因素入手，分析各种因素对经济指标变动的影响程度，并在此基础上查明指标变动的原因。

> **知识链接**
>
> ### 差额分析法
>
> 差额分析法从本质上看就是连环替代法的一种简化形式，也就是跳过分别带入的步骤，直接运算。
>
> 其数学模型如下：
>
> A 因素的影响程度：$A_1 \times B_0 \times C_0 - A_0 \times B_0 \times C_0 = (A_1 - A_0) \times B_0 \times C_0$；
>
> B 因素的影响程度：$A_1 \times B_1 \times C_0 - A_1 \times B_0 \times C_0 = A_1 \times (B_1 - B_0) \times C_0$；
>
> C 因素的影响程度：$A_1 \times B_1 \times C_1 - A_1 \times B_1 \times C_0 = A_1 \times B_1 \times (C_1 - C_0)$。
>
> 差额分析法的步骤比连环替代法简单，应用十分广泛。但需要注意的是，差额分析法不仅应当遵守连环替代法的规则，还应该严格地控制适用范围。

教学案例

【案例 1-2】 承【案例 1-1】，用差额分析法计算各因素的变化对原材料费用的影响程度。

2021 年基期：10×7×200＝14 000（元）

产品产量变化的影响：(240－200)×7×10＝2 800（元）

材料耗用量变化的影响：240×(5－7)×10＝－4 800（元）

原材料单价变化的影响：240×5×(13－10)＝3 600（元）

各个因素对于指标的影响之和，即为指标的差异。例如，上面例子中的 2 800 元、－4 800 元和 3 600 元相加之和，即为原材料费用的差异 1 600 元。

📢 提醒你

报表分析的局限性

报表分析的局限性有以下几个方面：一是报表本身的局限性；二是报表的真实性；三是企业会计政策的不同选择影响可比性；四是比较的基础问题。例如，当公司业务多元化时，很难确定其所属行业；会计政策选择不同导致比率计算上的差异；行业平均值可能并没有提供一个合适的目标比率。

技能训练

做一做 某企业某种材料的消耗资料如表 1-22 所示。

表 1-22　　各因素对材料费用的影响

项　目	计量单位	2021 年	2022 年
产品产量	件	1 000	1 200
单位产品材料消耗量	千克/件	20	18
材料单价	元/千克	200	230
材料费用	元	4 000 000	4 968 000

要求：采用因素分析法对该企业的材料费用进行分析。

项目二

短期偿债能力分析

> **学习目标**
>
> 识记短期偿债能力的含义,理解短期偿债能力分析的各种衡量指标,重点掌握短期偿债能力分析的基本方法。

任务一　认知短期偿债能力分析指标

企业在正常生产经营过程中需要支付职工薪酬、偿还货款、归还银行借款等,因而需要相应的流动资产作保障。评价企业短期偿债能力从认知短期偿债能力指标开始,经过深入分析得出评价结果。

一、偿债能力的含义

偿债能力是指企业清偿到期债务的能力。偿债能力分为短期偿债能力和长期偿债能力。本项目为短期偿债能力的分析,长期偿债能力在下一个项目中分析。

二、短期偿债能力的含义

短期偿债能力是指企业用流动资产偿还流动负债的保障程度。短期偿债能力的强弱主要由流动资产、流动负债的数量和质量决定。

(一) 流动资产与流动负债的数量

流动资产的数量是指企业流动资产的多少,一般是资产负债表上流动资产的合计数。流动负债的数量是指企业流动负债的多少,一般是资产负债表上流动负债的合计数。一般情况下,流动资产超过流动负债越多,企业短期偿债能力越强。

教学案例

【案例 2-1】 根据项目一表 1-12 资料,查找奥特利伟公司 2021 年年末流动资产、流动负债数额并计算其差额,据以判断公司的短期偿债能力。

2021 年年末流动资产 = 19 414 901 157.50(元)

流动负债 = 12 453 173 259.73(元)

流动资产 − 流动负债 = 6 961 727 897.77(元)

流动资产大于流动负债的差额有 6 961 727 897.77 元,说明公司有较好的短期偿债能力。

技能训练

算一算 根据附表一资料,查找南京照明股份有限公司 2021 年年末流动资产、流动负债数额并计算其差额,据以判断公司的短期偿债能力。

在确定流动资产的数量时要注意以下几点:① 现金是用来偿还债务的,用于特殊用途的现金不能作为流动资产,比如专门用于固定资产投资的现金、银行限制性条款中规定的最低存款余额;② 应收账款中包含的来自非正常业务且收账期长于一年的应收账款应予以扣除;③ 存货中应扣除那些超出正常经营需要的存货,同时应注意存货计价方法对资产总额带来的影响。

在确定流动负债的数量时要注意以下几点:① 流动负债是在一年内准备使用流动资产或产生其他流动负债偿还的债务,不属于这个范畴的负债应该扣除;② 递延所得税资产不属于流动资产,递延所得税负债也不属于流动负债。

(二)流动资产与流动负债的质量

1. 流动资产的质量

流动资产的质量是指流动资产的流动性和变现能力。流动资产的流动性是指流动资产转化为现金所需要的时间。流动资产转化为现金需要的时间越短,则流动性越强,越能很快地转化为可以偿债的现金。流动资产的变现能力是指流动资产转化为现金的能力。一般来说,资产的流动性越强,其变现能力越强;反之,则越弱。具体流动资产项目的质量评价见表 2-1。

表 2-1 流动资产项目的质量评价

流动资产项目	质量评价
货币资金	在整个流动资产中,货币资金流动性和变现能力最强,可直接偿付债务。
交易性金融资产	由于其能够随时变现,企业一方面能够充分利用资金取得较好的投资收益,另一方面又能增强企业资产的流动性,降低企业的财务风险。

续表

流动资产项目	质量评价
应收款项	应收款项的变现能力与货币资金和交易性金融资产相比,一是变现时间受到限制,二是存在坏账风险。但由于这些资产已经完成销售进入款项的待收阶段,其变现能力大于尚未进入销售过程的存货资产。例如,将应收票据转化为现金,可以转让,也可以贴现或抵押。
存货	存货包括原材料、半成品、产成品等,种类繁杂,数量庞大,大部分不能在较短的时间内变现,而其中的呆滞商品、积压产品、残品等变现能力更差。

2. 流动负债的质量

流动负债的质量是指债务偿还的强制程度和紧迫性。一般而言,企业的所有债务都是要偿还的,但并不是所有债务都要在到期时立即偿还,如与企业有长期合作关系的供应商的负债,在企业财务困难时,比较容易推迟或重新进行协商。因为供应商对本企业有着业务上的依赖,他们会权衡继续保持业务关系与强行索债的得失,其债务的质量不高。而有些债务是到期必须偿还的,如应付税款。由于税法的强制性,企业必须按期缴纳税款,绝无延期可言,否则税务机关会依法对企业进行经济处罚,如加收滞纳金等,这样将会降低企业的偿债能力。

企业流动资产的质量超过流动负债质量的程度,就是企业的短期偿债能力,超过越多,表明短期偿债能力越强。

三、短期偿债能力的衡量指标

衡量企业短期偿债能力的指标主要有:营运资金、流动比率、速动比率和现金比率。

(一)营运资金

1. 认知营运资金

营运资金是指流动资产总额减流动负债总额后的剩余部分,也称净营运资本,它意味着企业的流动资产在偿还全部流动负债后还有多少剩余。营运资金的计算公式如下:

$$营运资金 = 流动资产 - 流动负债$$

2. 营运资金分析

营运资金是偿还流动负债的保障基础,营运资金越多则偿债越有保障,因此它可以反映企业的偿债能力。

营运资金是用于计量企业短期偿债能力的绝对指标。企业能否偿还短期债务,要看有多少债务,以及有多少可以变现偿债的流动资产。当流动资产大于流动负债时,营运资金为正,说明营运资金出现溢余。此时,与营运资金对应的流动资产是以一定数额的长期负债或股东权益作为资金来源的。营运资金数额越大,说明不能偿债的风险越小。反之,当流动资产小于流动负债时,营运资金为负,说明营运资金出现短缺。此时,企业部分长期资产以流动负债作为资金来源,企业不能偿债的风险很大。

教学案例

【案例 2-2】 根据项目一表 1-12 资料，计算奥特利伟公司 2019 年、2020 年年末营运资金，并据以判断公司的短期偿债能力。

2019 年营运资金 = 21 305 290 057.84 - 9 607 290 366.21 = 11 697 999 691.63（元）

2020 年营运资金 = 21 286 191 340.65 - 12 454 545 277.72 = 8 831 646,062.93（元）

2019 年、2020 年公司具有一定规模的营运资金，说明公司有较好的短期偿债能力。

技能训练

算一算 根据附表一资料，计算南京照明股份有限公司 2019 年、2020 年年末营运资金，并据以判断公司的短期偿债能力。

3. 分析营运资金的合理性

营运资金的合理性是指营运资金的数量以多少为宜。短期债权人希望营运资金越多越好，这样就可以减少贷款风险。因为营运资金的短缺会迫使企业为了维持正常的经营和信用，在不适合的时机按不利的利率进行不利的借款，从而影响利息和股利的支付能力。但是过多地持有营运资金，也不好。高营运资金，意味着流动资产多而流动负债少。流动资产与长期资产相比，流动性强、风险小，但获利性差，过多的流动资产不利于企业提高盈利能力。除了短期借款以外的流动负债通常不需要支付利息，流动负债过少说明企业利用无息负债扩大经营规模的能力较差。因此，企业应保持适当的营运资金规模。

没有一个统一的标准用来衡量营运资金保持多少是合理的。不同行业的营运资金规模有很大差别。一般说来，零售商的营运资金较多，因为它们除了流动资产外没有可以偿债的资产；而信誉好的餐饮企业营运资金很少，有时甚至是一个负数，因为其稳定的收入可以偿还同样稳定的流动负债。制造业一般有正的营运资金，但其数额差别很大。由于营运资金与经营规模有联系，所以同一行业不同企业之间的营运资金也缺乏可比性。

营运资金是一个绝对数，不便于不同企业间的比较，因此在实务中很少直接使用营运资金作为偿债能力的指标。

教学案例

【案例 2-3】 金汇公司有关资料及营运资金的计算如表 2-2 所示。

表 2-2　　　　　　　　　　金汇公司营运资金计算表　　　　　　　　　　单位：百万元

项　目	2022 年	2021 年	2020 年
流动资产	3 844.59	3 957.79	4 000.43
流动负债	721.73	783.45	1 392.26
营运资金	3 122.86	3 174.34	2 608.17

金汇公司2022年营运资本比2021年相比略有下降,但与2020年相比较仍然有较大的增加。为了对公司的营运资金有全面的认识,我们可以取更多期的数据来分析,表2-3是金汇公司多期的营运资金指标。

表2-3　　　　　　　　　　金汇公司营运资金历史数据　　　　　　　　　单位:百万元

年份	营运资金	资产总额	营运资金占总资产比重/%
2022	3 122.86	6 777.50	46.08
2021	3 174.34	7 101.06	44.66
2020	2 608.17	7 372.71	35.38
2019	1 590.59	7 394.14	21.51
2018	1 831.64	6 942.41	26.38
2017	1 435.43	3 933.56	36.49
2016	1 538.63	3 780.55	40.70
2015	888.21	3 450.89	25.74
2014	616.93	3 378.00	18.26
2013	176.81	1 312.59	13.47
2012	160.54	976.01	13.45

从表2-3可以看出,绝对数上,金汇公司的营运资金随着公司资产规模的增长而不断增长,相对数上,公司营运资金占总资产的比重也随着总资产规模的增长而增加,分析时可结合资产负债表的内容进行结构分析。

(二) 流动比率

1. 认知流动比率

流动比率是流动资产与流动负债的比值。流动比率的内涵是每一元流动负债有多少元流动资产作保障,反映企业短期偿债能力的强弱。因为流动资产减流动负债的差额是可供企业日常使用的营运资金,所以这个比率也被人们称为营运资金比率。流动比率的计算公式如下:

$$流动比率 = 流动资产 \div 流动负债$$

流动比率是衡量企业短期偿债能力的指标之一。一般情况下,流动比率越高,企业的偿债能力越强,债权人利益的安全程度也越高,这是因为较高的流动比率可以保障在流动负债到期日能够将流动资产迅速变现用以偿还债务。这个比率越高,说明每一元流动负债的保障程度越高。这个比率还表明当企业遇到突发性现金流出,如发生意外损失时的支付能力。但是,站在企业的角度,过高的流动比率表明企业的流动资产占用的资金过多,资金利用率低下,降低了企业资产的盈利能力;同时,还表明企业采取了一种保守的财务政策,未能充分利用负债筹资提高获利能力。

教学案例

【案例 2-4】 根据项目一表 1-12 资料,计算奥特利伟公司 2021 年、2020 年和 2019 年的流动比率。

公司流动比率计算结果如下:

2021 年流动比率 = 19 414 901 157.50 ÷ 12 453 173 259.73 = 1.56

2020 年流动比率 = 21 286 191 340.65 ÷ 12 454 545 277.72 = 1.71

2019 年流动比率 = 21 305 290 057.84 ÷ 9 607 290 366.21 = 2.22

与营运资金相比,流动比率更能反映短期偿债能力。这是因为营运资金只是流动资产与流动负债之差,是个绝对数,如果企业之间规模相差很大,绝对数之间的比较是没有意义的。而流动比率考虑到了流动资产规模与流动负债规模之间的关系,是个相对数,更适合企业之间以及同一企业不同历史时期的比较。

 技能训练

算一算 根据附表一资料,计算南京照明股份有限公司 2021 年、2020 年和 2019 年的流动比率。

2. 调整流动比率的计算口径

影响流动比率的因素,一是流动资产,二是流动负债。通常,管理当局有夸大流动资产而缩小流动负债的倾向。为了使流动比率能反映企业的偿债能力,计算时要进行计算口径和计量价格的调整。

流动资产能否用于偿债,要看它们是否能顺利转换成现金。通过报表附注,可以了解各项流动资产的变现能力,并据此对计算予以调整。

在确定流动资产时,应扣除具有特殊用途的现金,如银行汇票存款、存出投资款、信用卡保证金存款等不能自由支付的货币资金;应扣除坏账准备和有退货权的应收账款数额,它们虽然属于流动资产,但是不一定能收回现金,甚至很可能收不到现金;应扣除回收期在一年以上的应收款项,它们不能在短期内变现;还应扣除超出需要的存货等,它们已经不能正常参加存货周转,并且回收现金的数额和时间有很大的不确定性。

流动负债的调整主要是注意表外负债。需要偿还的债务不仅仅是报表内列示的流动负债,还应包括长期负债的到期部分以及未列入报表的债务。例如,对于提供借款担保产生的或有负债应当有适当评估;在不可废除合同中的未来租金应付款数也应纳入需要偿还的债务;建造合同或购买长期资产合同的分期付款数(承诺负债)也属于需要偿还的债务。

3. 分析流动比率的局限性

流动比率在评价企业资产流动性和短期偿债能力时是非常有用的。因为,该指标易于理解,计算简便,数据易于获取。不过,该指标本身也存在一定的局限性。

流动比率是一个静态指标,只表明在某一时点每一元流动负债的保障程度,即在某一时点流动负债与偿债资产的关系。实际上,流动负债有"继起性",即不断偿债的同时有新的到期债务出现,偿债是不断进行的。只有债务的出现与资产的周转完全均匀发生时,流动比率才能正确反映偿债能力。在下列情况下,流动比率往往不能正确反映偿债能力:① 季节性经营的企业,销售不均衡;② 大量使用分期付款结算方式;③ 大量的销售为现销;④ 年末销售大幅度上升或下降。

流动资产中包含了流动性较差的存货,以及不能变现的预付账款、预付费用等,使流动比率所反映的偿债能力不准确。流动资产的变现能力与其周转性有关,对流动比率的评价也应与流动资产的周转情况相结合。

(三) 速动比率

流动比率虽然可以用来评价流动资产总体的变现能力,但短期债权人希望获得比流动比率更进一步的有关变现能力的比率指标。这个指标被称为速动比率。

扫码学习微课:
短期偿债能力
——速动比率

1. 认知速动比率

速动比率是速动资产与流动负债的比值。所谓速动资产是流动资产扣除存货后的数额,速动比率的内涵是每一元流动负债有多少元速动资产作保障。该指标能够衡量企业的短期偿债能力,是流动比率的一个重要辅助指标,用于评价企业流动资产变现能力的强弱。速动比率的计算公式如下:

速动比率=(流动资产-存货-预付款项-一年内到期的非流动资产-
　　　　　其他流动资产)÷流动负债

该指标越高,表明企业偿还流动负债的能力越强。

计算速动比率时要把存货从流动资产中剔除的主要原因是:① 在流动资产中存货的变现速度最慢,原材料存货、半成品存货要经过加工才能转变成产成品存货,产成品存货出售后转为应收账款,然后才能收回现金,而能否出售是有风险的;② 部分存货可能已经抵押给债权人;③ 存货估价还存在着成本与合理市价相差悬殊的问题。综合上述原因,把存货从流动资产总额中扣除而计算出的速动比率是企业实际的短期偿债能力,该指标反映的短期偿债能力比流动比率更为准确,更加可信。

 教学案例

【案例 2-5】 根据项目一表 1-12 资料,计算奥特利伟公司 2021 年、2020 年和 2019 年的速动比率。

公司速动比率计算结果如下:

2021 年速动比率=(19 414 901 157.50-821 985 468.20-2 137 644 730.38-
　　　　　　　　142 632 090.84)÷12 453 173 259.73
　　　　　　　=16 312 638 868.08÷12 453 173 259.73
　　　　　　　=1.31

2020 年速动比率=(21 286 191 340.65-593 747 913.91-1 659 480 134.53-
　　　　　　　　107 000 946.26)÷12 454 545 277.72
　　　　　　　=18 925 962 345.95÷12 454 545 277.72

= 1.52

2019 年速动比率 =（21 305 290 057.84-750 901 859.03-717 672 233.25-
63 385 657.29）÷9 607 290 366.21

= 19 773 330 308.27 ÷9 607 290 366.21

= 2.06

 技能训练

算一算 根据附表一资料，计算南京照明股份有限公司 2021 年、2020 年和 2019 年速动比率。

即学即思 有人认为速动比率应当大于 1，以保证可以随时清偿到期债务，你同意该观点吗？

2. 分析速动比率的局限性

与流动比率相比，速动比率扣除了变现能力差的存货，弥补了流动比率的不足。但是，这个指标也有其局限性。速动比率的局限性见表 2-4。

表 2-4　　　　　　　　　速动比率的局限性

局限性	详细描述
静态指标	速动比率只是揭示了速动资产与流动负债的关系，是一个静态指标。作为反映资产流动性的指标，速动比率只说明了在某一时点每一元流动负债的保障程度，即在某一时点用于偿还流动负债的速动资产，并不能说明未来现金流入的多少，而未来现金流入是反映流动性的最好指标。
坏账	速动资产中包含了流动性较差的应收账款，使速动比率所反映的偿债能力受到限制。特别是当速动资产中含有大量不良应收账款时，必然会减弱企业的短期偿债能力。
预付费用	各种预付款项及预付费用的变现能力也很差。预付货款需要经过一定时期变为存货后，才能恢复其流动性；预付费用需要在一定的会计期间分期摊销，不可能转变为现金。这两项在计算速动比率时理应扣除。

基于速动比率的局限性，还可以有更为谨慎的计算和衡量企业短期偿债能力的指标，即现金比率。

（四）现金比率

1. 认知现金比率

现金比率是现金类资产与流动负债的比值。现金类资产是指货币资金和交易性金融资产。这两项资产的特点是随时可以变现。现金比率的计算公式如下：

现金比率 =（货币资金+交易性金融资产）÷流动负债

企业的现金比率是高还是低，要结合企业的历史水平和行业平均值进行判断。

教学案例

【案例2-6】 根据项目一表1-12资料,计算奥特利伟公司2021年、2020年和2019年的现金比率。

公司现金比率计算结果如下:
2021年现金比率=(8 496 686 451.72+1 187 862 295.62)÷12 453 173 259.73
=0.78
2020年现金比率=(12 536 159 540.58+813 465 271.55)÷12 454 545 277.72
=1.07
2019年现金比率=(11 990 109 151.38+1 428 536 228.91)÷9 607 290 366.21
=1.40

 技能训练

算一算 根据附表一资料,计算南京照明股份有限公司2021年、2020年和2019年现金比率。

2. 现金比率分析

现金比率反映企业的即时付现能力,即随时可以还债的能力。在评价企业变现能力时,一般来说现金比率重要性不大,因为不可能要求企业用现金和交易性金融资产来偿付全部流动负债,企业也没有必要总是保持足够还债的现金和交易性金融资产。但是,当发现企业的应收账款和存货的变现能力存在问题时,现金比率就显得很重要了。它的作用是表明企业在最坏情况下的短期偿债能力。此外,在某些行业中,保持较高现金比率可能很重要,因此要重视特殊条件下的现金比率分析。

现金比率高,说明企业支付能力强。如果这个指标很高,也不好。它可能反映该企业不善于充分利用现金资源,没有把现金投入经营以赚取更多的利润。因此,在对这个指标下结论之前,应充分了解企业的实际情况。有时企业可能有特别的计划需要使用现金,如集资用于扩大生产能力的建设,就必须增加现金持有规模,这种情况下,现金比率很高,不能误认为偿债能力很强。但无论如何,过低的现金比率反映企业的支付能力一定存在问题,时间长了会影响企业的信用。企业保持一定的合理的现金余额是很必要的。

3. 流动比率、速动比率和现金比率的相互关系

流动比率、速动比率和现金比率是反映企业短期偿债能力的主要指标,三者之间的相互关系如图2-1所示。

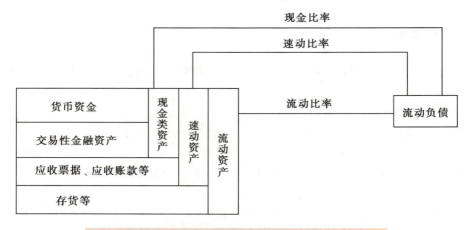

图2-1　流动比率、速动比率和现金比率的相互关系

从图2-1可以看出以下几点。

（1）流动比率以全部流动资产作为偿付流动负债的基础，它包括了变现能力较差的存货，会造成企业短期偿债能力较强的假象。

（2）速动比率以扣除变现能力较差的存货后的流动资产作为偿付流动负债的基础，它弥补了流动比率的不足。

（3）现金比率以现金类资产作为偿付流动负债的基础，可以反映企业的即时付现能力。但现金持有量过大会对企业资产的利用效果产生负面作用，这一比率仅在企业面临财务危机时适用，相对于流动比率和速动比率来说，其重要性较小。

> ☞ 知识链接
>
> ### 湖南金大地的短期偿债风险
>
> 　　湖南金大地拟发行3 100万股，发行后总股本12 400万股，拟在深交所上市。公司经营范围主要包括水泥生产、销售，五氧化二钒生产、加工及销售，利用本厂的余热发电等。招股书显示，金大地2009年年末、2010年年末和2011年年末流动比率分别为0.66、0.52和0.49，速动比率分别为0.50、0.33和0.28。公司流动比率和速动比率整体水平较低，且呈下降趋势。公司负债结构中，以流动负债为主，公司存在短期偿债风险。水泥行业上市公司中，塔牌集团2009年年末和2010年年末流动比率分别为0.60和0.90，速动比率为0.40和0.63；海螺水泥2009年年末和2010年年末流动比率分别为0.84和1.01，速动比率为0.66和0.82。上述公司不仅流动比率和速动比率高于金大地，且呈现递增的趋势。而金大地的流动比率和速动比率则逐年下降，这意味着公司的短期偿债能力不断递减，公司存在短期偿债风险。

任务二 短期偿债能力分析

具体评价企业短期偿债能力除需要结合行业标准和企业历史水平外,还要结合当前实际情况,以确认企业的短期偿债能力处于何种水平。

、同业比较分析

同业比较分析是报表分析中广泛使用的一种比较方法。同业比较包括同业先进水平比较、同业平均水平比较和竞争对手比较三类,它们的原理是一样的,只是比较标准不同。同业平均水平是最为常用的比较标准。通过将企业实际数据和同行业平均值进行比较,可以直接分析企业财务状况和经营成果在同行业中所处的地位。如果本企业的某一指标好于同行业平均数,则说明企业在这一方面处于同行业平均水平之上。比如,本企业的流动比率为2,而企业所处的行业平均流动比率为1.8,则说明该企业的短期偿债能力处于同行业水平之上。

同业比较分析有两个重要的前提:一是如何确定同类企业,二是如何确定行业标准。同类企业的确认没有一个公认的标准,一般情况下可以按以下两个标准来判断:一是看最终产品是否相同,生产同类产品或同系列产品的企业即可认定为同类企业。比如:以钢材为最终产品的钢铁生产企业,以计算机为最终产品的计算机生产企业。这些企业之所以被认定为同类企业,是因为生产同类产品的企业具有相同的生产经营特点,不仅在生产设备、加工工艺等方面具有较大的可比性,而且在资产构成、资本结构、成本构成和价格水平等方面也可相互参照。二是看生产结构是否相同,生产结构主要是指企业原材料、生产技术、生产方式,当企业采用相同的原材料、相同的生产技术和相同的生产方式时,即使最终产品不同,也可以认为是同类企业,比如制药企业、食品加工企业等。

行业标准是以一定时期一定范围的同类企业为样本,采用一定的方法对相关数据进行测算而得出的平均值。企业如何获取行业标准值?通常可以采用两种方法:一是直接采用财政部颁布的企业效绩评价标准,目前财政部已建立了企业效绩评价标准,并且不定期公布;二是根据上市公司的公开信息进行统计分析,或直接利用专业分析机构按行业对上市公司主要财务指标的统计分析结果。

 教学案例

【**案例 2-7**】 根据奥特利伟公司 2021 年的报表资料,说明同业比较分析的过程。该企业实际指标值及同行业标准值在表 2-5 中列示。

表2-5　　　　　　　　　奥特利伟公司同业比较分析

指　　标	企业实际值	行业标准值
流动比率	1.56	1.60
速动比率	1.31	1.40
现金比率	0.78	0.80

分析过程如下：

1. 流动比率分析

从表2-5可以看出，该企业流动比率实际值低于行业标准值，说明该企业的短期偿债能力不及行业平均水平，但差距不大。为进一步掌握流动比率的质量，应分析流动资产的流动性强弱，主要是应收账款和存货的流动性。

2. 速动比率分析

外部分析人员如果难以获得更详细的资料，为进一步掌握企业偿债能力，要计算速动比率。奥特利伟公司速动比率低于行业标准值，说明企业短期偿债能力低于行业平均水平。

3. 现金比率分析

在分析了速动比率低的原因之后，应进一步计算现金比率。奥特利伟公司的现金比率低于行业标准值，进一步说明企业用现金偿还短期债务的能力较低。但是，现金资产存量的变化较大，有时并不能说明问题。

通过上述分析，最后可以得出结论：奥特利伟公司的短期偿债能力低于行业平均水平。主要问题出在存货上，其占用资金量过大，是主要矛盾，应进行深入分析。

二、历史比较分析

历史比较分析是指对企业指标的本期实际值与历史各期实际值所进行的比较分析。对企业短期偿债能力强弱的判断，必须要分析历史各期的变动，以便于对企业偿债能力的变动趋势做出判断。历史比较分析有利于吸取历史的经验和教训，发现问题，改善企业的偿债能力。

短期偿债能力的历史比较分析采用的比较标准是过去某一时点的短期偿债能力的实际指标值。这种比较分析对评价企业自身偿债能力是很有益的。比较标准可以是企业历史最好水平，也可以是企业正常经营条件下的实际值。在分析时，经常采用上年实际指标值作为历史标准。

采用历史比较分析的优点：一是比较基础可靠，历史指标是企业曾经达到的水平，通过比较，可以观察企业偿债能力的变动趋势；二是具有较强的可比性，便于找出问题。其缺点：一是历史指标只能代表过去的实际水平，不能代表合理水平，因此，历史比较分析主要通过比较揭示差异，分析原因，推断趋势；二是经营环境变动会减弱历史比较的可比性。

教学案例

【案例2-8】　根据奥特利伟公司2021年和2020年的报表资料，说明历史比较分析的过程。该企业实际指标值在表 2-6 中列示。

表 2-6　　　　　　　　奥特利伟公司历史比较分析

指　　标	本年实际值（2021 年）	上年实际值（2020 年）
流动比率	1.56	1.71
速动比率	1.31	1.52
现金比率	0.78	1.07

历史比较分析的思路与同业比较分析相同：

1. 流动比率分析

从表 2-6 可以看出，该企业流动比率实际值低于上年实际值，说明该企业的短期偿债能力比上年降低了。通过项目一中的资产负债表可以看出，本期流动比率降低的主要原因是，本期流动资产降低的速度〔（19 414 901 157.50－21 286 191 340.65）÷21 286 191 340.65＝－8.79﹪〕远远高于流动负债降低的速度〔（12 453 173 259.73－12 454 545 277.72）÷12 454 545 277.72＝－0.01﹪〕。

2. 速动比率分析

为进一步评价企业偿债能力，要比较速动比率。奥特利伟公司本年速动比率低于上年实际值，进一步说明企业的短期偿债能力较上年有所降低。

3. 现金比率分析

在分析了速动比率低的原因之后，应进一步计算现金比率。奥特利伟公司的本年现金比率低于上年实际值，说明企业用现金偿还短期债务的能力在降低。

通过上述分析，最后可以得出结论：奥特利伟公司的主要问题出在存货上，其占用资金较大、周转速度慢是主要矛盾，应重点进行深入分析。

 技能训练

算 一 算　根据附表一资料，计算南京照明股份有限公司 2021 年、2020 年和 2019 年的流动比率、速动比率、现金比率，并分析公司偿债能力变化情况。

三、影响短期偿债能力的其他因素分析

影响企业短期偿债能力的其他因素主要有增强变现能力的因素和减弱变现能力的因素，其详细描述和举例分别如表 2-7 和表 2-8 所示。

表 2-7　　　　　　　　　　　　　增强变现能力的因素

项　目	详　细　描　述	举　例
企业准备出售的非流动资产	企业非流动资产包括固定资产、债权投资、长期股权投资、无形资产和其他资产等。企业根据其经营策略,往往要在特定时期将一些非流动资产出售,如企业将长期持有的股票出售,将不需用的机器设备出售,等等。企业出售非流动资产会获取现金收入,这无疑会增强企业以后会计期间资产的流动性,增强短期偿债能力。但在分析时,应考虑非流动资产的变现速度和变现金额。	以设备的专业化程度为例,通常情况下,如果是通用设备,则其变现速度快,变现金额大;而专用设备则变现速度慢,变现金额小。
良好的商业信用	企业拥有良好的商业信用,在企业出现短期债务偿还困难的时候,通常比较容易通过与债权人的协商达成延期付款协议,或者取得较为宽松的贷款,以新债偿还旧债,增强短期偿债能力。另外,具备发行股票和债券能力的企业,其短期偿债能力也会增强,因为良好的长期融资能力往往是缓解短期债务危机的重要保障。但在分析时要注意这种增强偿债能力的潜在因素具有高度的不确定性,容易受整体资金环境的影响。	
尚未使用的银行授信额度	银行在与企业的长期业务往来中,通过对企业信用状况的多年考察,对其中的一些优质客户给予一定的授信额度。在这个额度之内,企业可以随时向银行提出申请取得贷款,从而提高企业的现金支付能力。	2022 年 4 月,深圳市宝明科技股份有限公司向银行等金融机构申请综合授信额度累计不超过人民币 50 亿元。银行给予企业的授信额度有助于改善企业的财务形象,增强企业的现金支付能力,因此得到银行授信的企业通常会在媒体上公布这一消息。另外,在企业的财务报表附注中也会进行披露。

表 2-8　　　　　　　　　　　　　减弱变现能力的因素

项　目	详　细　描　述	举　例
担保责任	企业有可能以自己的一些流动资产为他人提供担保,如为其他企业向金融机构借款提供担保,为其他企业购物提供担保或为其他企业履行有关经济责任提供担保。这种担保一旦被担保人无法偿还债务,就需要担保人偿还,潜在的债务变成现实债务,减弱了企业的短期偿债能力。	2021 年 10 月 15 日,奥特利伟公司召开第四次临时股东大会,于 2021 年 10 月 16 日审议通过了公司控股子公司奥特利伟沈阳有限公司为其全资子公司铁岭能源有限公司提供担保的议案。
已贴现的商业汇票	企业已向银行贴现的商业汇票,银行仍对企业拥有资金追索权,即如果票据到期时付款人无力还款给贴现银行,银行将向贴现人收取款项。因此,已贴现的商业汇票引起的债务必然减弱企业的短期偿债能力。	
未做记录的或有负债	或有负债是有可能发生的债务。或有负债范围广泛,包括有纠纷的税款、尚未解决的诉讼、有争议的财产纠纷等,这些或有负债均会对企业的短期偿债能力产生负面影响。	例如,未决诉讼中,如果法院判决败诉,企业就必须赔偿,但赔偿多少不能确定,这一或有负债会减弱企业的偿债能力。

☞ 知识链接

现行短期偿债能力分析指标的局限性

现在常用的短期偿债能力指标虽然在总体上揭示了企业的偿债能力，但在计算过程中并未充分考虑企业资产和负债的属性、质量以及会计核算上的计量属性，也未考虑表外事项的影响。影响企业偿债能力的表外因素包括：企业的品质和偿债声誉、准备很快变现的长期资产、可动用的银行贷款指标、增发的股票政策、股利政策、或有负债情况、担保责任引起的负债、已贴现的商业汇票引起的负债等。因此，这些指标对企业偿债能力的反映存在着一定的局限性。

（1）未充分考虑企业资产属性上的差异。按照流动资产的定义，流动资产是在一个年度或一个经营周期内逐渐消耗或变现的资产。但是目前对于超过一个年度或一个经营周期仍然未消耗或变现的资产，如逾期一年以上未收回的应收账款、积压的存货，依然作为流动资产核算并在资产负债表上列示，从而使得流动比率的计算缺乏客观的基础。同样，速动资产作为流动资产中变现能力较强的部分，也仍包括逾期应收账款，使得速动比率在一定程度上被夸大高估。至于预付账款，已不具备流动的性质，因此在计算流动比率时必须从流动资产中剔除。

（2）未充分考虑企业资产的质量。对于一个企业来说，如果其不良资产比例较高，则企业资产质量较差，相应的偿债能力将会受到很大的影响。而目前在计算流动比率时并未考虑不良资产对企业偿债能力的影响。实际上，不少企业存在着大量的不良资产，如三年以上尚未收回的应收账款、长期积压的商品物资，因其资产质量较差，资产的实际价值明显低于账面价值。

（3）未充分考虑企业负债的属性。流动负债中的"预收账款"一般用企业的产品来偿还，而不是用速动资产来偿还，所以在计算速动比率、流动比率和现金比率时理当从流动负债中剔除。

（4）未考虑或有负债对企业短期偿债能力的影响。或有负债有很大的不确定性，是否发生取决于未来相关因素的变化，如应付票据贴现、对外担保、未决诉讼事项等。因此，在计算短期偿债能力指标时，必须对影响或有负债发生的相关因素进行分析和预测，估计或有负债发生的可能性，进而估算或有负债可能增加的流动负债。但目前在计算短期偿债能力指标时未考虑这种影响。

另外，现行计算方法从息税前利润出发，不能反映企业实际现金周转情况，应以现金流量作为衡量企业偿债能力的依据。企业实际偿债能力如何，能否及时偿还，关键并不在于账面利润，而要看其有无实际的现金，因为有利润的年份并不一定有多余的现金用于维持企业的发展和偿债。

☞ 本项目公式汇总

指标名称	计算公式
营运资金	营运资金＝流动资产－流动负债
流动比率	流动比率＝流动资产÷流动负债
速动比率	速动比率＝(流动资产－存货－预付款项－一年内到期的非流动资产－其他流动资产)÷流动负债
现金比率	现金比率＝(货币资金＋交易性金融资产)÷流动负债

项目三

长期偿债能力分析

> **学习目标**
>
> 识记长期偿债能力的含义,理解长期偿债能力分析的各种衡量指标,重点掌握长期偿债能力分析的基本方法。

任务一 认知长期偿债能力分析指标

企业在正常生产经营过程中需要偿还长期借款、应付长期债券、长期应付款等而需要相应的资产作保障。评价企业长期偿债能力从认知长期偿债能力指标开始,经过深入分析得出评价结果。

扫码学习微课:
认知长期偿债
能力分析指标

一、长期偿债能力的含义

长期偿债能力是指企业对债务的承担能力和对偿还债务的保障能力。企业偿还长期负债的能力是反映企业财务安全和稳定程度的重要标志。

二、影响长期偿债能力的因素

企业对每一笔债务都负有两种责任:一是偿还债务本金的责任;二是支付债务利息的责任。分析一个企业长期偿债能力,主要是为了确定该企业偿还债务本金和支付债务利息的能力。企业的长期偿债能力主要取决于企业的资本结构和盈利能力。

(一) 资本结构

资本结构是指企业各种长期筹资来源的构成和比例关系。长期资本来源于权益筹资和长期债务。资本结构对企业长期偿债能力的影响主要体现在以下两个方面:第一,权益资本是承担长期债务的基础;第二,资本结构影响企业的财务风险,进而影响企业的偿债能力。

（二）盈利能力

长期偿债能力与盈利能力密切相关，企业能否有充足的现金流入偿还长期负债，在很大程度上取决于企业的盈利能力。一般来说，企业的盈利能力越强，长期偿债能力就越强；反之，则越弱。因此，研究企业长期偿债能力可从盈利能力和资本结构两方面进行。

三、长期偿债能力的衡量指标

企业的长期偿债能力表现为还本能力和付息能力，可以分别从利润表和资产负债表的角度分析：利润表的分析侧重于反映企业的付息能力，主要指标是利息保障倍数；而资产负债表的分析则侧重于资本结构的反映，主要包括资产负债率、产权比率、权益乘数等指标。

表 3-1　　　　　　　　　　企业长期偿债能力的衡量指标

财务报表	指　　标
利润表	利息保障倍数
资产负债表	资产负债率
	产权比率
	权益乘数

奥特利伟公司财务报表资料见表 3-2、表 3-3。

表 3-2　　　　　　　　奥特利伟公司利润表相关数据　　　　　　　　单位：元

项　　目	2021 年	2020 年	2019 年
财务费用	47 559 811.05	276 297 184.58	−79 703 036.05
其中：利息费用	326 935 537.89	328 559 077.97	410 994 402.00
利润总额	1 477 549 222.83	847 979 387.01	1 371 666 490.72

表 3-3　　　　　　　奥特利伟公司资产负债表相关数据　　　　　　　单位：元

项　　目	2021 年 12 月 31 日	2020 年 12 月 31 日	2019 年 12 月 31 日
资产合计	47 039 663 400.97	43 634 528 710.14	42 281 504 773.85
负债合计	19 680 172 294.32	16 612 425 860.46	16 101 435 279.70
股东权益合计	27 359 491 106.65	27 022 102 849.68	26 180 069 494.15

（一）利息保障倍数

1. 认知利息保障倍数

利息保障倍数是指企业年度获得的盈利与年度利息费用支出的比率，其计算公式如下：

利息保障倍数＝息税前利润÷应付利息
　　　　　　＝(净利润＋利润表中的利息费用＋所得税)÷(资本化利息＋费用化利息)

公式中的分子是运用企业全部资产获得的收益，即没有扣除利息费用的税前利润。之所以不用净利润，是因为企业的利息费用在所得税之前就列支了，而所得税是在减去利息费用后的利润中支付的，所得税的多少对利息费用的支付不会产生影响。

教学案例

【案例3-1】 根据项目一表1-15资料，计算奥特利伟公司2021年、2020年和2019年的利息保障倍数，如表3-4所示。

表3-4　　　　　　　　　　奥特利伟公司利息保障倍数计算表

项目	2021年	2020年	2019年
利息保障倍数	1 804 484 760.72÷326 935 537.89 ＝5.52	1 176 538 464.98÷328 559 077.97 ＝3.58	1 291 963 454.67÷410 994 402.00 ＝3.14

2. 利息保障倍数的分析与评价

利息保障倍数越大，企业偿还债务利息的能力就越强，通常也有能力偿还到期债务的本金。根据经验，利息保障倍数为3倍及以上时，表示企业不能偿付其利息债务的可能性较小；该比率达到4倍时，意味着公司偿付其利息债务的能力"良好"；达到4.5倍及以上时，则为"优秀"。可以看出，2021年奥特利伟公司的利息保障倍数达到优秀。

使用利息保障倍数来衡量企业的长期偿债能力是因为长期债务在到期前只需要定期支付利息，不需要支付本金。况且，对于一般企业来说，只要其资本结构是稳定的，并且经营情况良好，就能够举借新的债务来偿还到期债务的本金。付息能力的重要性事实上不亚于还本能力。如果企业长期以来在偿付利息费用方面有着良好的信誉，企业很可能不需要偿还债务本金。因为，既然企业的付息能力很强，那么当债务本金到期时，企业一般会有能力重新筹集到新的资金，或者原有的负债能够得以展期。

企业只要利息保障倍数较大，无力偿还债务的可能性就较小。在金融市场高度发达的情况下，企业由于负债经营，导致对银行的依赖性越来越强。企业能否在经营中顺利地融资成为企业经营成败的关键，商业银行对企业偿债能力的判断很大程度上取决于企业利息保障倍数。如果企业在支付债务利息方面没有困难，通常也就可以再借款用于偿还到期的债务本金；通过举借新债来偿还旧债，这样就无须去偿还债务本金。这种情况下，企业筹资就比较容易，筹资成本就会降低，企业就会有能力在资本结构中保持一个较高的债务比例。

利息保障倍数在时间上往往有着较显著的波动性，这是因为企业的盈利水平和利息费用都会受经济周期或产业周期的影响而发生波动。而无论是好年景还是坏年景，利息都是必须支付的。所以，为了考察企业偿付利息能力的稳定性，一般应至少计算5年或5年以上的利息保障倍数。为了保守起见，甚至可以选择5年或更长时期中最低的利息保障倍数值作为基本的利息偿付能力指标值。

技能训练

算一算 根据附表二,计算南京照明股份有限公司 2021 年、2020 年和 2019 年的利息保障倍数。

> **知识链接**
>
> ### 巴菲特选股的标准——利息保障倍数
>
> 巴菲特的前 10 大重仓股市值占其整个投资组合的 94%,2010 年度这 10 家公司息税前利润占利息支出的比例如下:可口可乐 16 倍,富国银行 5 倍,美国运通 4 倍,宝洁 17 倍,卡夫 2.7 倍,强生 38 倍,沃尔玛 12 倍,WESCO 金融 182 倍,康菲石油 18 倍,美国银行 4 倍。
>
> 可以总结出巴菲特的一个选股标准:青睐那些具有持续竞争优势的公司,非金融企业的利息保障倍数一般高于 7 倍。如果利息费用占息税前利润的比例过去几年一直很高,如高于 30%,表明这家公司业务竞争激烈,属于资本密集型行业,要想维持和扩大竞争优势,就必须追加投资。而巨大的投资金额只靠公司自身盈利形成的资金积累远远不够,还需要从银行进行大量融资。巴菲特选择的具有长期竞争优势的可口可乐、宝洁等公司用于利息支出的费用低于息税前利润的 10%。相比之下,通用汽车、固特异公司这种过度竞争和资本密集型企业每年不得不将其营业利润的一半左右用于支付债务利息。
>
> 但是,不同行业利息保障倍数的平均水平相差很大,金融企业要比非金融企业高很多,因此个股应该与行业平均水平相比。例如富国银行和美国运通公司,两公司分别将其息税前利润的 22%和 24%用于支付利息,和可口可乐及宝洁相比,这一比例高出很多。但是苹果公司只能和苹果公司比,事实上在美国前五大银行中,富国银行的利息保障倍数是最高的。
>
> 巴菲特只选择利息保障倍数很高的公司,其原因在于:在任何行业,只有那些具有持续竞争优势的优秀公司,才能长期保持超越同行的超额盈利能力,资产负债率很低,财务状况非常稳健。

(二) 资产负债率

1. 认知资产负债率

资产负债率是指全部负债与全部资产的比率,其计算公式如下:

$$资产负债率 = 负债总额 \div 资产总额 \times 100\%$$

资产负债率表明企业的全部资金来源中有多少是由债权人提供的,或者说在企业的全部资产中有多少属于债权人所有。站在债权人角度,该指标可以说明债权的保障程度;站在所有者角度,该指标既可以说明自身承担风险的程度,也能反映财务杠杆的利用情况;站在企业角度,该指标既可以反映企业的实力,也能反映其偿债风险。

资产负债率也可衡量企业在发生清算时对债权人权益的保障程度。如果债权人认为负债对总资产比例过高,将停止对企业发放贷款,企业也就无法获取贷款融资。资产负债率越低,所有者权益所占的比例就越大,说明企业的实力越强,债权的保障程度越高;资产负债率越高,则所有者权益所占比例就越小,说明企业的经济实力越弱,偿债风险越高,债权的保障程度相应越低,债权人的安全性越差,企业的潜在投资人越少。该比率对于债权人来说越低越好。因为企业的所有者(股东)一般只承担有限责任,而一旦企业破产清算时,资产变现所得很可能低于其账面价值。所以,如果此指标过高,债权人可能遭受较大损失。当资产负债率大于100%时,表明企业已经资不抵债,对于债权人来说风险非常大。

教学案例

【案例3-2】 根据表3-3奥特利伟公司资产、负债、股东权益资料,计算该公司近三年的资产负债率,如表3-5所示。

表3-5　　　　　　　　　　奥特利伟公司资产负债率计算表

项目	2021年12月31日	2020年12月31日	2019年12月31日
资产负债率/%	19 680 172 294.32÷47 039 663 400.97 = 41.84	16 612 425 860.46÷43 634 528 710.14 = 38.07	16 101 435 279.70÷42 281 504 773.85 = 38.08

奥特利伟公司2021年的资产负债率较上年有所提高,表明公司的负债总额在增加。

2.资产负债率的分析与评价

各利益主体因不同的利益驱动而从不同的角度评价资产负债率。

(1)企业债权人最关心的就是所提供的信贷资金的安全性,期望能于约定时间收回本息。这必然决定了债权人总是要求资产负债率越低越好,希望企业的每一元债务有更多的资产作保障。如果企业的主权资本较少,表明投资者投入的份额不足,经营过程中创造和留存收益的部分较少,债权人就会感到其债权风险较大,因此会做出提前收回贷款、转移债权或不再提供信贷的决策。

(2)对企业所有者来说,资产负债率高有以下利好:一是当总资产报酬率高于负债利率时,由于财务杠杆的作用,可以提高股东的实际报酬率;二是可用较少的资本取得企业的控制权,且将企业的一部分风险转嫁给债权人,对企业来说还可以获得资金成本低的好处。但高债务同时也会给所有者带来风险,因为债务的成本是固定的。如果企业经营不善或遭受意外打击而出现经营风险,由于收益大幅度下降,贷款利息还需照常支付,损失必然由所有者负担,由此增加了投资风险。因此,所有者往往用预期资产报酬率与借款利率进行比较判断,若前者大于后者,表明所有者投入企业的资本将获得双重利益,即在获得正常利润的同时,还能获得资产报酬率高于借款利率的差额,此时,资产负债率越高越好;若前者小于后者,则表明借入资本利息的一部分要用所有者投入资本而获得的利润来弥补,此时,所有者希望资产负债率越低越好。

(3)从企业经营者的角度来看,资产负债率的高低在很大程度上取决于经营者对企业前景的信心和对风险所持的态度。如果企业经营者对企业前景充满信心,且经营风格较为激进,认为企业未来的总资产报酬率将高于负债利率,则应保持适当高的负债比率,这样企业可有足够的资金来扩展业务,把握更多的投资机会,以获取更多的利润;反之,经营者认为企业前景不容乐观,或者经营风格较为保守,那么必然倾向于尽量使用自有资本,避免因负债过多而冒较大的风险,此时则应当保持较低的负债比率。尽管如此,即便是较为激进的经营者,也不能使负债比率过高,而应将其控制在适度水平上。由于债务成本可税前扣除,具有财务杠杆收益功能,任何企业均不可避免地要利用债务,但负债超出某个程度时,则不能为债权人所接受,企业的后续贷款难以为继。随着负债的增加,企业的财务风险不断加大,进而危及主权资本的安全和收益的稳定,也会动摇投资者对经营者的信任。

企业资产负债率多少为佳,并没有一个公认的标准。在分析和评价时,通常要结合企业的盈利能力、银行利率、通货膨胀率、国民经济的景气程度、企业之间竞争的激烈程度等多种因素,还可以与同行业的平均水平、本企业的前期水平及其预算水平相比较来进行。一般来讲,企业的盈利能力较强或者企业资金的周转速度较快,企业可承受的资产负债率也相对较高;银行利率提高通常迫使企业降低资产负债率,银行利率降低又会刺激企业提高资产负债率;通货膨胀率较高时期或者国民经济景气时期,企业也会倾向于维持较高的资产负债率;同行业之间竞争激烈则企业倾向于降低资产负债率,反之,情况相反。因此,在不同的国家、不同的宏观经济环境下,资产负债率的合理水平或适度水平也是有较大差别的。

经验表明,资产负债率应介于30%~70%之间。这一比率太高,意味着负债风险过大,从而企业面临着太大的偿债压力;比率太低,负债风险固然很小,但负债的财务杠杆效应太低,不利于实现企业价值和股东财富最大化。经验表明,资产负债率存在显著的行业差异,因此,分析该比率时应注重与行业平均值的比较。此外,该比率会受到资产计价特征的影响,若被比较的某一企业有大量的隐蔽性资产(如大量的按历史成本计价的早年获得的房地产等),而另一企业没有类似的资产,则简单的比较就可能得出错误的结论。

技能训练

算一算 根据附表一,计算南京照明股份有限公司2021年、2020年和2019年的资产负债率。

(三) 产权比率

1. 认知产权比率

产权比率是负债总额与所有者权益的比率,其计算公式如下:

$$产权比率 = 负债总额 \div 所有者权益(股东权益)$$

产权比率反映由债权人提供的资本与股东提供的资本的相对比率关系,反映企业基本财务结构是否稳定。产权比率高,是高风险、高报酬的财务结构;产权比率低,是低风险、低报酬的财务结构。

产权比率也反映债权人投入资本受到所有者权益保障的程度,或者说是企业清算时对债权人利益的保障程度。

教学案例

【案例 3-3】 根据表 3-3 奥特利伟公司资产、负债、股东权益资料,计算该公司的产权比率,如表 3-6 所示。

表 3-6　　　　　　　　　　奥特利伟公司产权比率计算表

项目	2021 年 12 月 31 日	2020 年 12 月 31 日	2019 年 12 月 31 日
产权比率	19 680 172 294.32÷27 359 491 106.65＝0.72	16 612 425 860.46÷27 022 102 849.68＝0.61	16 101 435 279.70÷26 180 069 494.15＝0.62

奥特利伟公司 2021 年的产权比率较上年有所增加,表明公司的负债总额与股东权益之比在增加。

2. 产权比率的分析与评价

产权比率应与资产负债率结合使用。产权比率与资产负债率都是用于衡量长期偿债能力的指标,具有共同的经济意义,两者可以互相补充。因此,对产权比率的分析可以参考对资产负债率的分析。对资产负债率分析时应当注意的问题,在产权比率分析中也应引起注意。

产权比率与资产负债率是有区别的。产权比率侧重于揭示债务资本与权益资本的相互关系,说明企业财务结构的风险性,以及所有者权益对偿债风险的承受能力;而资产负债率侧重于揭示总资产中有多少是靠负债取得的,说明债权人权益的保障程度。

所有者权益就是企业的净资产,产权比率所反映的偿债能力是以净资产为物质保障的。净资产中的某些项目,如无形资产等,其价值具有较大的不确定性,且不易形成支付能力。因此,在使用产权比率时,必须结合这些因素做进一步分析。

技能训练

算一算 根据附表一,计算南京照明股份有限公司 2021 年、2020 年和 2019 年的产权比率。

(四) 权益乘数

权益乘数是总资产与股东权益的比值,其计算公式为:

$$权益乘数 = 总资产 \div 股东权益$$

或:

$$权益乘数 = 资产平均余额 \div 股东权益平均余额$$

权益乘数表明股东每投入 1 元钱可实际拥有和控制的金额。在企业存在负债的情况下权益乘数大于 1。企业负债比例越高,权益乘数越大。

$$权益乘数 = 1 \div (1 - 资产负债率) = 1 + 产权比率$$

教学案例

【案例 3-4】 根据表 3-3 奥特利伟公司资产、负债、股东权益资料,计算该公司的权益乘数,如表 3-7 所示。

表 3-7

项 目	2021 年 12 月 31 日	2020 年 12 月 31 日	2019 年 12 月 31 日
权益乘数	1.72	1.61	1.62

(备注:依据每年年末的数据资料计算权益乘数)

奥特利伟公司 2021 年的权益乘数较上年有所增加,表明公司的负债总额在增加。

技能训练

算一算 根据附表一,计算南京照明股份有限公司 2021 年、2020 年和 2019 年的权益乘数。

任务二　长期偿债能力分析

扫码学习微课:
长期偿债能力
分析

具体评价企业长期偿债能力需要结合行业标准和企业历史水平,还要结合企业当前实际情况,以确认企业的长期偿债能力处于何种水平。奥特利伟公司连续三年的长期偿债能力指标如表 3-8 所示。

表 3-8　　　　奥特利伟公司长期偿债能力指标计算表

指　标	2021 年	2020 年	2019 年
利息保障倍数	5.52	3.58	3.14
资产负债率/%	41.84	38.07	38.08
产权比率	0.72	0.61	0.62
权益乘数	1.72	1.61	1.62

一、同业比较分析

企业长期偿债能力的同业比较分析与短期偿债能力的同业比较分析类似。比如,本企业的利息保障倍数为 5.52,而企业所处的行业平均利息保障倍数为 4,则说明该企业的长期偿债能力处于同行业水平之上。

教学案例

【案例 3-5】　对奥特利伟公司 2021 年长期偿债能力指标进行同业比较分析。该企业实际指标值及行业标准值如表 3-9 所示。

表 3-9　　　　　　　奥特利伟公司长期偿债能力同业比较分析

指　　标	企业实际值	行业标准值
利息保障倍数	5.52	4
资产负债率/%	41.84	50.39
产权比率	0.72	0.98
权益乘数	1.72	1.98

分析过程如下：

1. 利息保障倍数分析

从表 3-9 可以看出，奥特利伟公司 2021 年利息保障倍数比行业标准值高，说明企业有足够资金来源偿还债务利息，企业长期偿债能力较强。

2. 资产负债率分析

从表 3-9 可以看出，奥特利伟公司 2021 年资产负债率低于行业标准值，有一个较低的资产负债率水平，说明该企业的长期偿债能力较强，同时也说明公司财务风险较低，将来的融资借款能力较强。

3. 产权比率分析

从表 3-9 可以看出，奥特利伟公司 2021 年产权比率低于行业标准值，说明企业长期偿债能力较强，财务风险较低。

4. 权益乘数分析

从表 3-9 可以看出，奥特利伟公司 2021 年权益乘数低于行业标准值，说明企业利用财务杠杆的风险比较低。

二、历史比较分析

教学案例

【案例 3-6】 根据奥特利伟公司 2021 年、2020 年的报表资料，说明长期偿债能力历史比较分析的过程。该企业实际指标值在表 3-10 中列示。

表 3-10　　　　　　　奥特利伟公司长期偿债能力历史比较分析

项　　目	本年实际值（2021 年）	上年实际值（2020 年）
利息保障倍数	5.52	3.58
资产负债率/%	41.84	38.07
产权比率	0.72	0.61
权益乘数	1.72	1.61

历史比较分析的思路与同业比较分析相同。

1. 利息保障倍数分析

因行业不同，利息保障倍数有不同的标准界限，一般公认的利息保障倍数为3。一般情况下，该指标大于1则表明企业负债经营能赚取比资金成本更高的利润，但是这仅仅表明企业能够维持经营；利息保障倍数如果小于1，则表明企业无力赚取大于资金成本的利润，企业债务风险大。影响利息保障倍数提高的因素有利润总额的提高和利息费用的降低。从表3-10可以看出，奥特利伟公司2021年利息保障倍数比上年实际值有所提高，这说明企业偿还利息的能力增强，财务风险降低。

2. 资产负债率分析

从表3-10可以看出，该企业2021年末资产负债率由2020年末的38.07%提高到41.84%，说明该企业的长期偿债能力比上年减弱，财务风险上升。

3. 产权比率分析

从表3-10可以看出，该企业产权比率与上年值相比提高了0.11，说明该企业长期偿债能力有所减弱，财务风险有所上升。

4. 权益乘数分析

从表3-10可以看出，奥特利伟公司2021年末权益乘数高于上年实际值，说明企业长期偿债能力减弱，财务风险上升。

三、影响长期偿债能力的其他因素分析

除了上述各种比率指标用以评价和分析企业的长期偿债能力以外，还有一些因素影响企业的长期偿债能力，在分析时必须引起足够的重视。

（一）可动用的银行贷款指标或授信额度

当企业存在可动用的银行贷款指标或授信额度时，这些数据不在财务报表内反映。但由于可以随时增加企业的支付能力，因此可以提高企业的偿债能力。

（二）资产质量

在财务报表内反映的资产金额为资产的账面价值，但由于财务会计的局限性，资产的账面价值与实际价值可能存在差异，如资产可能被高估或低估，一些资产无法进入财务报表等。此外，资产的变现能力也会影响偿债能力。如果企业存在很快变现的长期资产，会增加企业的偿债能力。

（三）或有事项和承诺事项

如果企业存在债务担保或未决诉讼等或有事项，会增加企业的潜在偿债压力。同样，各种承诺支付事项也会加大企业偿债义务。

（四）经营租赁

当企业存在经营租赁时，意味着企业要在租赁期内分期支付租赁费用，也即有固定的、

经常性的支付义务。但是经营租赁的负债未反映在资产负债表中,因此经营租赁作为一种表外融资方式,会影响企业的偿债能力,特别是经营租赁期限较长、金额较大的情况。因此,如果企业存在经营租赁,则应考虑租赁费用对偿债能力的影响。

技能训练

算一算 根据附表一、附表二资料,计算南京照明股份有限公司 2021 年、2020 年和 2019 年的利息保障倍数、资产负债率、产权比率和权益乘数,并进行趋势分析。

☞ **本项目公式汇总**

指标名称	计算公式
利息保障倍数	利息保障倍数=息税前利润÷应付利息=(净利润+利润表中的利息费用+所得税)÷(资本化利息+费用化利息)
资产负债率	资产负债率=负债总额÷资产总额×100%
产权比率	产权比率=负债总额÷所有者权益(股东权益)
权益乘数	权益乘数=总资产÷股东权益 或:权益乘数=资产平均余额÷股东权益平均余额

项目四

营运能力分析

> **学习目标**
>
> 识记营运能力的含义,理解营运能力分析的各种衡量指标,重点掌握营运能力分析的基本方法。

任务一 认知营运能力分析指标

在正常生产经营过程中,企业需要对应收账款、存货、固定资产等各项资产进行管理,科学地对企业资产管理效率进行分析、评价,有助于正确掌握企业的营运能力。本项目将从认知营运能力指标开始,深入学习企业营运能力分析的相关内容。

一、营运能力的含义

营运能力是指企业的经营运行能力,是企业运用各项资产以赚取利润的能力。通过对企业营运能力的分析可以衡量企业在资产管理方面的效率。

二、营运能力的衡量指标

衡量企业营运能力的财务指标有:应收账款周转率、存货周转率、流动资产周转率、固定资产周转率和总资产周转率。周转率也叫周转次数,周转期也叫周转天数。

(一)应收账款周转率

1. 认知应收账款周转率

应收账款周转率是营业收入与应收账款的比率,是反映企业应收账款周转速度的指标,也是年度内应收账款转为现金的平均次数,它说明了应收账款流动的速度。应收账款周转率有两种表现形式,分别是应收账款周

扫码学习微课:
应收账款周转率
的计算和分析

转次数和应收账款周转天数,其计算公式如下:

$$应收账款周转率(次数)=营业收入÷应收账款平均余额$$

$$应收账款周转天数=(365×应收账款平均余额)÷营业收入=365÷应收账款周转次数$$

上述公式中的"营业收入"是指扣除折扣和折让后的收入净额。应收账款平均余额是资产负债表中应收账款项目的期初、期末余额的平均数。

应收账款周转次数表明一年中应收账款周转的次数。应收账款周转天数也称为应收账款收现期,表明从销售开始到回收现金平均需要的天数。

教学案例

【案例4-1】 根据奥特利伟公司2021年的报表资料,计算该公司的应收账款周转次数和应收账款周转天数。

(1)应收账款周转次数=8 285 712 179.35÷[(2 601 723 754.68+3 193 313 588.22)÷2]=2.86

(2)应收账款周转天数=365×[(2 601 723 754 68+3 193 313 588.22)÷2]÷8 285 712 179.35=127.64(天)

或应收账款周转天数=365÷2.86=127.62(天)

技能训练

算 一 算 根据附表一、附表二资料,计算南京照明股份有限公司2021年应收账款周转次数和周转天数。

2.应收账款周转率的分析

一般来说,应收账款周转率是指应收账款周转次数,该指标越高越好。应收账款周转率高,表明公司收账速度快,坏账损失少,资产流动快,偿债能力强。与之相对应,应收账款周转天数则是越短越好。如果公司实际收回账款的天数超过了公司规定的应收账款周转天数,则说明债务人拖欠时间长,信用度低,增大了发生坏账损失的风险;同时也说明公司催收账款不力,使应收账款形成了呆账甚至坏账,造成了流动资产不流动,这对公司正常的生产经营是很不利的。

对应收账款周转次数和周转天数进行分析,也可以进行横向和纵向的比较。通过横向比较可以洞悉企业的应收账款周转速度在整个行业中的水平,与竞争对手相比是快还是慢。通过纵向比较可以发现企业应收账款周转速度的变化趋势。

即学即思 应收账款周转率一定是越高越好吗?

3.计算和分析应收账款周转率时应注意的问题

(1)营业收入的确定。有人认为,在计算中使用的"营业收入净额"应扣除"现金销售"部分,即使用"赊销净额"来计算。从理论上看,这样可以保持指标计算分子与分母口径的一致性。但是,财务报表的外部分析人员往往无法取得这些数据。因此,只能直接使用销售收入来计算,把"现金销售"视为收账时间为零的赊销。只要保持历史的一贯性,使用销售净额来计算该指标一般不影响与上期数据的可比性。

（2）由于应收账款是时点指标，易受季节性、偶然性和人为因素的影响，为了使该指标尽可能接近实际值，计算平均数时应采用尽可能详细的资料。

（3）应收账款周转天数不一定越少越好。应收账款是赊销引起的，如果赊销有可能比现销更有利，周转天数就不是越少越好。收现时间的长短与企业的信用政策有关。例如，甲企业的应收账款周转天数是18天，信用期是20天，乙企业的应收账款周转天数是15天，信用期是10天，则前者收款业绩优于后者，尽管其周转天数较多。企业改变信用政策，通常会引起应收款周转天数的变化。过快的应收账款周转率可能是由紧缩的信用政策引起的，其结果可能会危及企业的销售增长，损害企业的市场占有率。

（4）应收账款分析应与销售额分析、现金分析相联系。应收账款的起点是销售，终点是现金。正常情况是销售增加引起应收账款增加，现金存量和经营活动现金流量也会随之增加。如果一个企业应收账款日益增加，而现金日益减少，则可能是扩大了销售，但销货款回收不及时。

总之，应当深入应收账款内部进行分析，并且要注意应收账款与其他相关指标的联系，才能正确评价应收账款周转率。

> **☞ 知识链接**
>
> 对应收账款周转率评价方法的改进
>
> 一、应收账款传统评价方法的缺陷
>
> （1）部分企业的销售活动具有周期性或季节性，编制账龄分析表和计算坏账损失比率无法剔除周期性或季节性变动对应收账款余额分布的影响，从而也就无法正确评价应收账款的管理水平。如在销售旺季，应收账款的余额一般会增加，由此就认为企业赊销政策有问题，肯定是不科学的。
>
> （2）应收账款的多少与企业赊销政策有直接关系，而企业赊销政策不仅与企业内部因素，如企业规模、资金状况等有关，也与企业外部因素，如所属行业、竞争状况、宏观经济环境等有关。
>
> 就某个企业来讲，应收账款余额应是多少，账龄分布呈什么样算是最合理，并没有客观上的规定。这就需要有合适的财务指标能够与同行业的平均水平或优秀企业的相关比率以及本企业历史水平进行比较，而仅使用应收账款账龄分析表提供的信息做相关比较并不是最有效的。
>
> （3）将应收账款管理水平的评价指标仅局限在应收账款账龄和坏账损失比率上，会使管理人员尽量缩短应收账款账龄和减少坏账损失。但是，企业赊销政策是在增加销售、减少资金占用与减少坏账损失之间寻求平衡，而不是单纯追求坏账损失的最小化。错误地或过窄地设定评价目标，会使管理人员偏离对企业最优的选择。
>
> 二、应收账款平均周转天数与企业应收账款管理的评价
>
> 要克服上述缺陷，计算企业的应收账款平均周转天数，并将其与同行业的平均水平或优秀企业的相关比率进行比较是一个可行的方法。企业应收账款余额用公式表示为：应收账款余额＝（全年赊销额÷365）×应收账款平均周转天数。将该公式稍加变形

就得到应收账款平均周转天数的计算公式,即应收账款平均周转天数＝应收账款余额÷日平均赊销额。

计算出这个比率,就可以和同行业的平均水平或优秀企业的相关比率进行比较,以确定本企业应收账款的管理水平。这个比率的优点是计算比较简单,有关数据容易获得,并且该比率是一个综合性指标,其经济意义也很明确。但是,这个比率仍旧不能剔除周期性或季节性销售对应收账款分析带来的影响。

三、对应收账款周转率评价方法的改进

为剔除周期性或季节性销售带来的影响,一个方法是,在年末用全年的赊销额计算出全年的应收账款平均周转天数。但对于财务管理工作来讲,财务信息的及时性是十分重要的,只有在年末才能得出有关数据,这显然是不能令人满意的。

另一个更有效的方法是,在每一季度末将每月赊销额尚未收回部分与当月赊销总额相除,由此得出三个比率。将每季度的三个比率汇总,得出每一季度赊销额尚未收回部分占当季度赊销总额的比率,并进行季度间指标的比较,从而得出企业应收账款的回收情况。如果企业应收账款的回收情况发生了变化,将会反映在该比率上。

(二) 存货周转率

1. 认知存货周转率

存货周转率是一定时期内营业成本与存货的比率,反映存货的周转速度和销货能力,是衡量企业生产中存货营运效率的指标。存货周转率有两种表现形式,分别是存货周转次数和存货周转天数,其计算公式如下:

存货周转率(次数)＝营业成本÷存货平均余额

存货周转天数＝(365×存货平均余额)÷营业成本＝365÷存货周转次数

上述公式中的"存货平均余额"应是资产负债表中存货项目的期初、期末余额的平均数。

存货周转率用于反映存货的周转速度,即存货的流动性及存货资金占用量是否合理,促使企业在保证生产经营连续性的同时,提高资金的使用效率,增强企业的短期偿债能力。存货周转率是对流动资产周转率的补充说明,是衡量企业投入生产、存货管理水平、销售收回能力的综合性指标。

教学案例

【**案例 4-2**】 根据奥特利伟公司 2021 年的报表资料,计算该公司的存货周转次数和存货周转天数。

(1) 存货周转次数＝6 974 579 639.52÷[(821 985 468.20+593 747 913.91)÷2]＝9.85

(2) 存货周转天数＝365×[(821 985 468.20+593 747 913.91)÷2]÷6 974 579 639.52＝37.04(天)

或:存货周转天数＝365÷9.85＝37.06(天)

2. 存货周转率的分析

通常情况下,存货周转率是指存货周转次数,该指标越高,表明企业存货管理效率越高,从资金投入存货到销售收回的时间越短,在销售净利率相同的情况下,获取的利润就越多;反之,存货周转率过低,表明企业的存货管理效率欠佳,产销配合不好,存货积压过多,致使资金停留在存货上,仓储费用及利息负担过重。

3. 计算和分析存货周转率时应注意的问题

(1) 存货周转天数不是越低越好。存货过多会浪费资金,存货过少不能满足流转需要,在特定的生产经营条件下存在一个最佳的存货水平,所以存货不是越少越好。

(2) 注意应付账款、存货和应收账款(或销售)之间的关系。例如,当企业接受一个大订单时,通常要先增加存货,然后带动应付账款增加,最后引起应收账款(销售)增加。因此,在该订单没有实现销售以前,先表现为存货周转天数增加。这种周转天数增加没有什么不好。与此相反,当企业预见到销售会萎缩时,通常会先减少存货,进而引起存货周转天数减少。这种存货周转天数减少,并非资产管理改善的结果。因此,任何财务分析都以认识经营活动本质为目的,不可根据数据高低简单做结论。

(3) 关注构成存货的产成品、自制半成品、原材料、在产品和低值易耗品之间的比例关系。各类存货的明细资料及存货重大变动的解释,应在报表附注中披露。正常的情况下,各类存货之间存在某种比例关系,如果某一类的比重发生明显的大幅度变化,可能有问题。例如,企业产成品大量增加,其他项目减少,很可能是因为销售不畅,放慢了生产节奏,此时,总的存货余额可能并没有显著变化,甚至尚未引起存货周转率的显著变化。因此,在财务分析时既要重点关注变化大的项目,也不能完全忽视变化不大的项目,其内部可能隐藏着重要的问题。

即学即思 存货周转率是否越低越好?

技能训练

算一算 根据附表一、附表二资料,计算南京照明股份有限公司2021年存货周转次数和周转天数。

(三) 流动资产周转率

1. 认知流动资产周转率

流动资产周转率是营业收入与流动资产的比率,它反映的是流动资产的利用效率。流动资产周转率指标有两种表现形式,分别为流动资产周转次数和流动资产周转天数,其计算公式为:

$$流动资产周转率(次数) = 营业收入 \div 流动资产平均余额$$

$$流动资产周转天数 = (365 \times 流动资产平均余额) \div 营业收入 = 365 \div 流动资产周转次数$$

上述公式中的"流动资产平均余额"应是资产负债表中流动资产项目的期初、期末余额的平均数。

【案例4-3】 根据奥特利伟公司2021年的报表资料,计算该公司的流动资产周转次数和流动资产周转天数。

（1）流动资产周转次数 = 8 285 712 179.35÷[（19 414 901 157.50+21 286 191 340.65）÷2] = 0.41

（2）流动资产周转天数 = 365×[（19 414 901 157.50+21 286 191 340.65）÷2]÷8 285 712 179.35 = 896.48（天）

或：流动资产周转天数 = 365÷0.41 = 890.24（天）

2. 流动资产周转率的分析

流动资产周转次数表明一年中流动资产的周转次数。流动资产周转天数表明流动资产周转一次需要的时间,也就是期末流动资产转换成现金平均需要的时间。通常情况下,以流动资产周转次数来表示流动资产周转率。

流动资产周转率反映了企业流动资产的周转速度,是从企业全部资产中流动性最强的资产角度对企业资产的利用效率进行分析,以进一步揭示影响企业资产质量的主要因素。通过该指标的对比分析,可以促进企业加强内部管理,充分有效地利用流动资产,还可以促进企业采取措施扩大销售,提高流动资产的综合使用效率。一般情况下,该指标越高,表明企业流动资产周转速度越快,利用越好。在较快的周转速度下,流动资产会相对节约,相当于流动资产投入的增加,在一定程度上增强了企业的盈利能力;而周转速度慢,则需要补充流动资金参加周转,会形成资金浪费,降低企业盈利能力。对流动资产总体周转情况的分析应结合存货和应收账款等具体流动资产的周转情况,只有这样才能真正分析透彻,找到根源。

算一算 根据附表一、附表二资料,计算南京照明股份有限公司2021年流动资产周转次数和周转天数。

（四）固定资产周转率

1. 认知固定资产周转率

固定资产周转率,也称固定资产利用率,是企业营业收入与固定资产的比率。它反映企业固定资产周转的快慢、变现能力和有效利用程度。固定资产周转率指标的表现形式有两种,分别为固定资产周转次数和固定资产周转天数,其计算公式为：

$$固定资产周转率（次数）= 营业收入 \div 固定资产平均余额$$

$$固定资产周转天数 = （365 \times 固定资产平均余额）\div 营业收入 = 365 \div 固定资产周转次数$$

上述公式中的"固定资产平均余额"应是资产负债表中固定资产项目的期初、期末余额的平均数。

教学案例

【案例4-4】 根据奥特利伟公司2021年的报表资料,计算该公司的固定资产周转次数和固定资产周转天数。

(1) 固定资产周转次数 = 8 285 712 179.35÷[(2 913 189 887.58+3 154 517 499.34)÷2] = 2.73

(2) 固定资产周转天数 = 365×[(2 913 189 887.58+3 154 517 499.34)÷2]÷8 285 712 179.35 = 133.64(天)

或:固定资产周转天数 = 365÷2.73 = 133.70(天)

2. 固定资产周转率的分析

固定资产周转率指标没有绝对的判断标准,一般通过与企业原来的水平相比较加以考察,因为种类、数量、时间均基本相似的机器设备与厂房等外部参照物几乎不存在,即难以找到外部可资借鉴的标准企业和标准比率。一般情况下,固定资产周转率越高越好,该指标高,说明企业固定资产投资得当,固定资产结构分布合理,能够较充分地发挥固定资产的使用效率;反之,则表明固定资产使用效率不高,产生的生产经营成果不多,企业的营运能力较差。

3. 计算分析固定资产周转率时应注意的问题

(1) 企业固定资产所采用的折旧方法和折旧年限不同会导致不同的固定资产账面净值,也会对固定资产周转率的计算产生重要影响,造成指标的人为差异。式中分母的固定资产平均占用额可按固定资产原值或净值计算。目前有两种观点:一种观点主张采用固定资产原值计算,理由是,固定资产生产能力并非随着其价值的逐步转移而相应降低,比如,一种设备在其全新时期和半新时期往往具有同样的生产能力;再者,用原值便于企业不同时间或与不同企业进行比较,如果采用净值计算,则失去可比性。另一种观点主张采用固定资产净值计算,理由是固定资产原值并非一直全部都被企业占有着,其价值中的磨损部分已逐步通过折旧收回,只有采用净值计算,才能真正反映一定时期内企业实际占用的固定资金。一般应按固定资产原值的平均余额计算,否则会因所采用的折旧方法或折旧年限的不同而产生人为的差异,导致该指标缺乏可比性。采用固定资产净值计算一般适宜于自身纵向比较;如果与其他单位横向比较,则要注意两个企业的折旧方法是否一致。

(2) 企业的固定资产一般采用历史成本法记账,因此在企业的固定资产、销售情况并未发生变化的条件下,也可能由于通货膨胀导致物价上涨等因素而使营业收入虚增,导致固定资产周转率提高,而实际上企业的固定资产效能并未增加。

(3) 严格地讲,企业的营业收入并不是由固定资产的周转价值带来的。企业的销售收入只能直接来自流动资产的周转,而且固定资产要完成一次周转必须经过整个折旧周期,因此,用营业收入除以固定资产平均占用额来反映固定资产的周转速度具有很大的缺陷,即它并非固定资产的实际周转速度。但如果从固定资产对推动流动资产周转速度和周转额的作用来看,固定资产又与企业的营业收入有着必然的联系,即流动资产规模、周转额的大小及周转速度的快慢在很大程度上取决于固定资产的生产能力及利用效率。

(4) 一般而言,固定资产的增加不是渐进的,而是突然上升的,这会导致固定资产周转率的变化。

（5）在进行固定资产周转率比较时，固定资产的来源不同将对该比率的大小产生重要影响。如果一家公司的厂房或生产设备是通过经营性租赁得来的，而另一家公司的固定资产全部是自有的，那么对这两家的固定资产周转率进行比较就会产生误导。

基于上述分析，在对固定资产周转率进行分析时，必须充分结合流动资产的投资规模、周转额、周转速度才更有价值。

一般而言，固定资产的质量与使用效率越高，其推动流动资产运行的有效规模与周转率就越大、越快，实现的周转额也就越多。因此，在不断提高流动资产自身营运能力的同时，如何提高固定资产的质量与使用效率，并以相对节约的固定资产投资推动尽可能多的流动资产规模，加速流动资产价值的转换速率，从而实现更多的营业收入，成为固定资产营运效率分析评价工作的重要内容。

在进行固定资产周转率分析时，应以企业历史水平和同行业平均水平作标准进行对比分析，从中找出差距，努力提高固定资产周转速度。周转率越高，说明固定资产的利用效率越高；周转率越低，说明固定资产存量过多或设备闲置。与同行相比，如果固定资产周转率较低，意味着企业生产能力过剩；固定资产周转率较高，可能是企业设备利用得较好引起的，也可能是设备老化即将折旧完毕造成的。在后一种情况下，可能会引起较高的生产成本，使企业实现的利润降低，使将来的更新改造更加困难。企业一旦形成固定资产过多的局面，除了想办法利用以扩大销售之外，没有其他有效办法。由于设备等固定资产具有成套性和准用性特点，使其既不能拆散处理，又不能移做他用，因此，拥有过多的固定资产处理起来比较困难。但如果固定资产使用率低，须立即处理。

技能训练

算一算 根据附表一、附表二资料，计算南京照明股份有限公司2021年固定资产周转次数和周转天数。

> ☞ 知识链接
>
> ### 资产质量对企业营运能力的影响
>
> 资产质量指资产的变现能力。在我国，传统的营运能力分析指标一般有流动资产周转率、应收账款周转率、存货周转率和固定资产周转率等。这些指标都涉及资产总额及其资产项目这个核心数据，但撇开了资产质量这个核心问题，营运能力分析指标可能就会失真，由此产生的财务分析结论也可能不正确。
>
> 以流动资产中的应收账款为例，应收账款周转率或收账时间的长短可以检验应收账款的有效性和周转性。应收账款的有效性表示应收账款转换为现金时是否发生坏账损失，其周转性则指应收账款转换为现金的速度。以上两方面对应收账款而言具有相互影响的作用。应收账款周转率偏低，可能显示下列各项问题：销售条件或收账政策不当，收账工作执行不力或者客户发生财务困难。如果前两个问题存在，则企业管理者必须采取对策改进。企业的应收账款周转率或收账期限可能由于某些特殊原因存

在,如销售条件改变、现销或分期付款销售政策对正常赊销的影响、景气程度、同行业竞争、物价水平变动、信用或收账政策更新、新产品开发等,而发生变化。

严格说来,应收账款周转率或收账期限仅表示全部应收账款中的一项平均值,无法全面反映应收账款中涉及的各个客户的情况。

如,甲公司全年实现的营业收入为9 600万元,而应收账款平均占用额为20万元,则该企业的应收账款周转率计算的结果为:

应收账款周转率＝9 600÷20＝480(次)

应收账款周转天数＝360÷480＝0.75(天)

如果单看计算结果,该企业的应收账款的周转速度非常快,应收账款平均不到1天就收回1次,企业的应收账款管理情况良好。但实际情况可能并非如此。该企业当年可能并没有赊销业务发生或者发生少量的应收账款当年已收回,而20万元的应收账款是以前年度发生的,拖欠时间较长有可能将无法收回。这样该企业的应收账款管理可能存在严重的问题。

再如,乙公司的存货情况如表4-2所示。

表4-2　　　　　　　　　　　　　乙公司存货情况　　　　　　　　　　　　单位:元

项目	期末金额	其中三年以上部分		计提跌价准备		净值
		金额	百分比/%	金额	百分比/%	
原材料	5 689 087.00	3 989 700.00	70.13	1 137 817.40	20.00	4 551 269.60
在产品	1 765 990.00	—	—	—	—	1 765 990.00
产成品	3 483 579.00	2 098 970.00	60.25	522 536.85	15.00	2 961 042.15
合计	10 938 656.00	6 088 670.00	—	1 660 354.25	—	9 278 301.75

假设乙公司在该会计期间计算出来的存货周转率为4.8次,略高于行业平均水平4.73次。从资产的账面数字看其营运能力还是可以的,但是从表4-2又可看出,企业的存货中,原材料和产成品中3年以上部分分别占了70.13%和60.25%,存货积压严重,跌价准备也有一定规模,说明公司存货的质量有严重的问题,变现能力差。不仅其本身为企业带来利益的能力大大下降,而且也影响到企业的偿债能力分析。其实际的营运状况就打折扣了。

有时,企业的营运能力比率数字分析起来令人满意,各比率也被控制在合理的范围,但是,其财务状况实际上却没有这些指标所表示的那么好。乙公司的问题,就是因为企业的资产质量很差。那么,什么是资产质量呢?它有两层含义:

1. 资产的物理质量

资产的物理质量主要通过资产的质地、结构、性能、耐用性和新旧程度等表现出来。资产的物理质量对企业营运能力的影响是显然的。如果有两个拥有同样数额资产的企业,但一个企业的资产为近年来购置的,另一个则是若干年前购置的。那么,它们的营运能力状况一定存在差别。但是,在以数量化为主体的财务会计报告中,这方面的信息非常缺乏。在分析固定资产周转率时,通过固定资产原价和累计折旧的比较,可以得到有关企业资产新旧程度的一些情况。至于其他方面,无论是采用原值还是净值都无法得到资产的真实使用状况。

2. 资产的结构质量

这里的结构是指以各种形态存在的资产在企业总资产中所占的比重。对一个具体的企业而言，企业各种资产必须合理分配，配套运作，总体资产的效用才能充分发挥出来。否则就会出现"木桶效应"，即某项资产成为企业整体发展的瓶颈，其他资产也得不到最大程度的利用。从某一阶段的经营过程看，企业的资产(流动资产和固定资产)都应该存在一个合理的比例。例如，总资产中流动资产与固定资产的比重，如果固定资产比重过高，就会削弱营运资金的作用；如果固定资产比重偏低，则说明企业缺乏发展后劲；如果流动资产中的结算资产比重太高，则产生不良资产的可能性增加。企业资产结构的质量一般可以通过各种比例的计算来判断，但最重要的问题是，什么样的比例算高，什么样的比例算低，某一个项目的变化幅度到底达到多大就属于"例外"，这些都需要财务分析人员的职业判断，要对企业所在行业和相关背景比较了解，对企业内部经营过程比较熟悉，这样才可以比较迅速地获得正确结论。

由于企业生产经营环境的复杂性，资产的物理质量与结构质量都对企业资产的营运能力产生影响。为解决这一问题，在进行企业营运能力分析时，有必要对资产的真实质量进行评价，然后再结合各种周转率指标，才能更好地反映企业的真实状况，获得对决策有用的信息。

（五）总资产周转率

1. 认知总资产周转率

总资产周转率是营业收入与总资产的比率，有两种表现形式，分别为总资产周转次数和总资产周转天数，其计算公式如下：

$$总资产周转率(次数) = 营业收入 \div 总资产平均余额$$

$$总资产周转天数 = (365 \times 总资产平均余额) \div 营业收入 = 365 \div 总资产周转次数$$

上述公式中的"总资产平均余额"应是资产负债表中总资产项目的期初、期末余额的平均数。

教学案例

【案例4-5】 根据奥特利伟公司2021年的报表资料，计算该公司的总资产周转次数和总资产周转天数。

（1）总资产周转次数 = 8 285 712 179.35 ÷ [(47 039 663 400.97 + 43 634 528 710.14) ÷ 2] = 0.18

（2）总资产周转天数 = 365 × [(47 039 663 400.97 + 43 634 528 710.14) ÷ 2] ÷ 8 285 712 179.35 = 1 997.18(天)

或：总资产周转天数 = 365 ÷ 0.18 = 2 027.78(天)

2. 总资产周转率的分析

总资产周转次数表明一年中总资产周转的次数，或者说明一元总资产支持的销售收入。总资产周转天数表明总资产周转一次需要的时间，也就是总资产转换成现金平均需要的时间。

总资产周转率是考察企业资产运营效率的一项重要指标，体现了企业经营期间全部资产从投入到产出的流转速度，反映了企业全部资产的管理质量和利用效率。通过对该指标的对比分析可以知悉企业本年度以及以前年度总资产的运营效率和变化，发现企业与同类企业在资产利用上的差距，促进企业挖掘潜力，积极创收，提高产品市场占有率，提高资产利用效率。一般情况下，该数值越高，表明企业总资产周转速度越快，反映销售能力越强。企业可以通过薄利多销的方法加速资产的周转，带来利润绝对额的增加。

总之，各项资产的周转指标用于衡量企业运用资产赚取收入的能力，与反映盈利能力的指标结合在一起使用，可全面评价企业的盈利能力。

技能训练

算一算 根据附表一、附表二资料，计算南京照明股份有限公司2021年总资产周转次数和周转天数。

☞ 知识链接

总资产周转率指标

总资产周转率是衡量企业资产管理效率的重要财务比率，在财务分析指标体系中具有重要地位。这一指标通常被定义为营业收入与平均资产总额之比。该计算公式虽然计算简便、易于操作，但含义模糊，据此进行财务分析所得出的结论常常不能准确反映实际情况。说它含义模糊，主要是因为该计算公式中分子与分母计算口径不一致。公式中的分子是营业收入，是企业从事营业活动所取得的收入净额；而分母是指企业的各项资产的总和，包括流动资产(这其中包括交易性金融资产)、投资性房地产、债权投资、长期股权投资、固定资产等。众所周知，总资产中的对外投资(即交易性金融资产、债权投资、长期股权投资)给企业带来的应该是投资收益，不能形成营业收入。可见，公式中的分子、分母口径不一。这一指标前后各期及不同企业之间会因资产结构的不同而失去可比性。随着资本市场的发展，我国企业对外投资所占比重会逐渐提高，但各企业的发展又很不平衡。在这种情况下，如果仍按原方法计算总资产周转率已无多大参考价值，应进行必要的改进。

既然总资产中的对外投资与营业收入并无直接关系，就可把它从资产总额中剔除，使分母改为营业资产(即总资产-对外投资总额)。这样就可以得到一个新的反映资产周转率的指标——营业资产周转率，其计算公式为：营业资产周转率=营业收入÷营业资产平均余额。

任务二　营运能力分析

评价企业营运能力需要结合行业标准和企业历史水平,还要结合当前实际情况,以确认企业的实际营运能力。

一、同业比较分析

教学案例

【案例 4-6】　根据奥特利伟公司 2021 年的报表资料,说明公司营运能力比较分析的过程。该公司实际指标值及同行业标准值在表 4-3 中列示。

表 4-3　　　　　　　　奥特利伟公司营运能力同业比较分析

指　　标	企业实际值	行业标准值
应收账款周转率/次数	2.86	3.36
存货周转率/次数	9.85	10.53
流动资产周转率/次数	0.41	1.33
固定资产周转率/次数	2.73	3
总资产周转率/次数	0.18	0.59

分析过程如下:

1. 应收账款周转率分析

从表 4-3 可以看出,该企业应收账款周转率实际值低于行业标准值,说明该企业收账速度慢,平均收账期长。

2. 存货周转率分析

奥特利伟公司的存货周转率略低于行业标准值,说明企业存货占用资金较大,流动性较差,企业应进一步加强存货的管理。

3. 流动资产周转率分析

奥特利伟公司的流动资产周转率低于行业标准值,说明企业流动资产利用率较低,在较慢的周转速度下,在一定程度上减弱了企业的盈利能力。

4. 固定资产周转率分析

该企业固定资产周转率低于行业标准值,表明其固定资产利用率低于行业水平,固定资产周转速度较慢,固定资产利用效率较低。

5. 总资产周转率分析

该企业总资产周转率低于行业标准值,表明其与同类企业在资产利用上存在差距,资产周转速度较慢,资产利用效率不高。因此,企业需要加强管理,挖掘潜力,提高产品市场占有率,提高资产利用效率。

通过上述分析,可以看出企业的资产周转率略低于行业标准值,主要是由于流动资产周转较慢,导致资产利用率降低,企业应该关注应收账款的回收以及存货的构成。

二、历史比较分析

教学案例

【案例 4-7】 根据奥特利伟公司 2021 年和 2020 年的报表资料,说明历史比较分析的过程。该企业实际指标值在表 4-4 中列示。

表 4-4　　　　　　　　奥特利伟公司营运能力历史比较分析

指　标	本年实际值（2021 年）	上年实际值（2020 年）
应收账款周转率/次数	2.86	1.98
存货周转率/次数	9.85	7.87
流动资产周转率/次数	0.41	0.30
固定资产周转率/次数	2.73	2.08
总资产周转率/次数	0.18	0.15

1. 应收账款周转率分析

从表 4-4 可以看出,该企业 2021 年应收账款周转率高于上年,说明该企业加快了收账速度,减少了坏账损失,降低了发生坏账的风险。

2. 存货周转率分析

存货周转率是衡量和评价企业购入存货、投入生产、销售收回等各环节管理状况的综合性指标,它能够反映企业存货管理水平的高低,是整个企业管理的一项重要内容。该公司 2021 年的存货周转率高于 2020 年,说明企业内部存货管理进一步完善,存货转换为现金或应收账款的速度加快。

3. 流动资产周转率分析

通常,流动资产中应收账款和存货占绝大部分,因此它们的周转状况对流动资产周转具有决定性影响。该企业 2021 年的此项指标较 2020 年有所上升,表明流动资产周转速度加快,流动资产利用效率提高。

4. 固定资产周转率分析

该公司 2021 年的固定资产周转率高于 2020 年,说明公司 2021 年固定资产的营运效率提高。

5. 总资产周转率分析

该公司 2021 年的总资产周转率高于 2020 年,说明公司 2021 年总资产的营运效率提高。

项目四　营运能力分析

通过上述分析,可以看出企业的各项资产周转率在提高,资产运用效率得到改善,降低了企业的成本与风险,企业将获取更多利润,有更好发展。

技能训练

算 一 算　根据附表一、附表二资料,计算南京照明股份有限公司2021年、2020年的应收账款周转率、存货周转率、流动资产周转率、固定资产周转率和总资产周转率,并分析该公司营运能力的变化趋势。

☞ **本项目公式汇总**

指标名称	计算公式
应收账款周转率	应收账款周转次数＝营业收入÷应收账款平均余额
	应收账款周转天数＝(365×应收账款平均余额)÷营业收入
存货周转率	存货周转次数＝营业成本÷存货平均余额
	存货周转天数＝(365×存货平均余额)÷营业成本
流动资产周转率	流动资产周转次数＝营业收入÷流动资产平均余额
	流动资产周转天数＝(365×流动资产平均余额)÷营业收入
固定资产周转率	固定资产周转次数＝营业收入÷固定资产平均余额
	固定资产周转天数＝(365×固定资产平均余额)÷营业收入
总资产周转率	总资产周转次数＝营业收入÷总资产平均余额
	总资产周转天数＝(365×总资产平均余额)÷营业收入

077

项目五

盈利能力分析

> **学习目标**
>
> 识记盈利能力的含义,理解盈利能力分析的各种衡量指标,重点掌握盈利能力分析的基本方法。

任务一 认知盈利能力分析指标

利润是企业内外有关各方都关心的中心问题,它是投资者取得投资收益、债权人收取本息的资金来源,是经营者经营业绩和管理效能的集中表现,也是职工集体福利设施不断完善的重要保障。因此,盈利能力分析是企业财务报表分析中的一项重要内容。

一、盈利能力的含义

盈利能力是指企业在一定时期内赚取利润的能力。盈利能力的大小是一个相对的概念,即利润的大小是相对于一定的资金投入和一定的收入而言的。判断一个企业经营业绩的好坏不能只看利润表的绝对数,还需要将利润与营业收入、资本投入相结合进行分析。

二、盈利能力的衡量指标

企业盈利能力分析主要是以财务会计报表为基础,通过表内各项目之间的逻辑关系构建一套指标体系,然后将各项指标进行同业比较和历史比较,从而对企业的盈利能力进行分析和评价。企业盈利能力的主要衡量指标有:营业毛利率、营业净利率、净资产收益率、总资产收益率、市盈率和市净率。本任务主要认知营业毛利率、营业净利率、净资产收益率和总资产收益率,其他指标在以后任务中学习。

(一) 营业毛利率

1. 认知营业毛利及营业毛利率

营业毛利是指营业收入与营业成本之差。营业毛利的计算公式如下：

$$营业毛利 = 营业收入 - 营业成本$$

营业毛利率是指营业毛利额与营业收入的比率，表示每一元营业收入扣除营业成本后还有多少可以用于支付各项期间费用，从而形成利润的程度。营业售毛利率的计算公式如下：

$$营业毛利率 = 营业毛利 \div 营业收入 \times 100\%$$

教学案例

【案例5-1】 根据奥特利伟公司2021年的报表资料，计算该公司的营业毛利和营业毛利率。

（1）营业毛利 = 8 285 712 179.35 - 6 974 579 639.52 = 1 311 132 539.83(元)

（2）营业毛利率 = 1 311 132 539.83 ÷ 8 285 712 179.35 × 100% = 15.82%

2. 营业毛利及营业毛利率的分析

（1）营业毛利是营业收入与营业成本的差额，如果营业毛利率很低，表明企业没有足够多的毛利额，补偿期间费用后的盈利水平就不会高；还可能因无法弥补期间费用，出现亏损局面。通过本指标可预测企业盈利能力。

（2）营业毛利是企业利润形成的基础。企业的营业毛利越高，抵补各项支出的能力越强。同一行业营业的毛利率一般相差不大。将企业的营业毛利率与同期行业的平均营业毛利率比较，可以揭示企业在定价政策、产品销售或生产成本控制方面存在的问题。

（3）营业毛利是个绝对数指标。分析营业毛利率可以剔除不同期间费用耗费水平所带来的不可比因素的影响。但是企业之间在存货计价和固定资产的折旧方法等会计处理中的差异也会影响销售成本，进而影响营业毛利率的计算，这一点应在企业之间作横向比较时加以注意。

技能训练

算 一 算 根据附表二资料，计算南京照明股份有限公司2021年的营业毛利和营业毛利率。

> ☞ **知识链接**
>
> ### 深入分析公司营业毛利率差异的原因
>
> 宝钢股份、韶钢松山、南钢股份虽然同属于钢铁行业，但营业毛利率却差别很大——南钢股份营业毛利率为14.43%，而韶钢松山却达到了21.85%，宝钢股份更是达到了30.67%，同质企业为何营业毛利率不同？

宝钢股份、韶钢松山、南钢股份虽然同属于钢铁行业,就行业属性而言,有着一定的同质性,但由于行业内有不同产品因素的存在,导致了它们不同的营业毛利率。因为不同产品往往有着不同的销售价格,所以,毛利率也不同。以宝钢股份为例,该公司主导产品是汽车用的钢板,科技含量高,毛利率也就相对较高。而南钢股份、韶钢松山的主导产品是建筑用钢材,科技含量低,竞争也相对激烈,毛利率也就相对较低。由此可见,同质企业因为不同质的产品导致了毛利率的不同。

但这仅仅是一个方面,因为同质企业同质产品也存在着毛利率的不同,比如说同是从事电解铝生产的企业焦作万方、云铝股份的毛利率就不同,焦作万方的铝锭毛利率是19.75%,而云铝股份的该产品毛利率只有15.64%。

出现如此现象,并不是因为产品不同,而是因为它们的成本不同。本身拥有发电优势的焦作万方的成本自然下来了,毛利率也就上去了。类似的还有中孚实业和南山铝业。中孚实业的电解铝是含在建材里统一核算的,其毛利率高达28.89%,就是因为该公司拥有电力成本优势。

（二）营业净利率

1. 认知营业净利率

营业净利率是净利润占营业收入的百分比。该指标反映每一元营业收入带来净利润的多少,表示营业收入的收益水平。营业净利率的计算公式如下：

$$营业净利率 = 净利润 \div 营业收入 \times 100\%$$

教学案例

【案例 5-2】 根据奥特利伟公司 2021 年的报表资料,计算该公司的营业净利率。

$$营业净利率 = 1\,403\,515\,857.30 \div 8\,285\,712\,179.35 \times 100\% = 16.94\%$$

2. 营业净利率的分析

（1）营业净利率与净利润成正比关系,与营业收入成反比关系。企业在增加营业收入额的同时,必须相应地获得更多的净利润,才能使营业净利率保持不变或有所提高。通过分析营业净利率的升降变动,可以促使企业在扩大销售的同时注意改进经营管理,提高盈利水平。

（2）营业净利率不仅反映企业全部收入与其直接相关的成本、费用之间的关系,还将期间费用和纳入支出的相关项目从收入中扣减。由于期间费用中大部分项目是属于维持公司一定时期生产经营能力所必须发生的固定性费用,所以必须从当期收入中全部抵补。公司的全部营业收入只有抵扣了营业成本和全部期间费用后,所剩余的部分才能构成公司稳定、可靠的盈利。因此营业净利率可以比营业毛利率更全面地反映企业的盈利能力。

（3）营业净利率是企业营业的最终盈利能力指标。该指标越高,说明企业的盈利能力越强。但是不同行业的指标不尽相同,越是高科技企业,其营业净利率就越高;越是重工业和传统制造业,其营业净利率也就越低。分析该指标时应该结合不同行业的具体情况。

技能训练

算 一 算 根据附表二资料,计算南京照明股份有限公司2021年的营业净利率。

即学即思 如果一个企业的营业毛利率较高,但是营业净利率偏低的话,其主要原因是什么?

(三)净资产收益率

1. 认知净资产收益率

净资产收益率也称股东权益收益率,是指企业在一定时期内获得的净利润与净资产平均余额之间的比率。该指标充分体现了投资者投入企业的自有资本获取利润的能力,突出反映了投资与报酬的关系,是评价企业盈利能力的核心指标,其计算公式如下:

$$净资产收益率 = 净利润 \div 净资产平均余额 \times 100\%$$

上述公式中的"净资产平均余额"应是资产负债表中股东权益项目的期初、期末余额的平均数。

净资产收益率体现了净利润与所有者投入资本之间的比例关系。

教学案例

【案例5-3】 根据奥特利伟公司2021年的报表资料,计算该公司的净资产收益率。

净资产收益率 = 1 403 515 857.30÷[(27 359 491 106.65+27 022 102 849.68)÷2]×100% = 1 403 515 857.30÷27 190 796 978.17 = 5.16%

2. 净资产收益率的分析

(1)净资产收益率反映所有者投资的盈利能力,该比率越高,说明所有者投资带来的收益越高。

(2)净资产收益率是从所有者角度考察企业盈利水平高低,而总资产收益率则从所有者和债权人两方面来共同考察整个企业的盈利水平。在相同的总资产收益率水平下,若企业采用不同的资本结构形式,即不同的负债与所有者权益比例,会造成不同的净资产收益。

(3)净资产收益率是衡量企业盈利能力的主要核心指标之一。一般来说,企业的净资产收益率越高,企业自有资本获取利润的能力越强,其营运效率越高,对投资者和债权人的保障程度就越高。

技能训练

算 一 算 根据附表二资料,计算南京照明股份有限公司2021年的净资产收益率。

> **知识链接**
>
> **净资产收益率在投资决策中的核心地位**
>
> 　　净资产收益率在所有财务指标中处于核心地位。投资的真谛是买到好公司的股票,好公司的标准是那些很会赚钱的公司。净资产收益率是判断一家上市公司赚钱的能力怎么样、赚钱的效率高不高的指标。巴菲特就认为每股收益是个烟幕弹,公司的净资产收益率更能说明问题,净资产收益率的增加则说明公司盈利能力增加。
>
> 　　观察净资产收益率,至少要看过去三年的指标。一两年的净资产收益率有可能无法真实全面反映上市公司的盈利能力。连续几年的净资产收益率则能够将上市公司的盈利能力显示出来。
>
> 　　观察一家上市公司连续几年的净资产收益率,就会发现一个现象:上市公司往往在刚刚上市的几年里都有不错的净资产收益率表现,但之后,这个指标会出现明显下滑。这是因为,当一家企业规模不断扩大,净资产不断增加时,必须开拓新的产品、新的市场,并辅之以新的管理模式,以保证净利润与净资产同步增长。对于企业来说,做到这点很困难。这主要考验企业的领导者对行业发展的预测,对新的利润增长点的判断,以及其管理能力是否可以不断提升。
>
> 　　上市公司的净资产收益率多少合适呢?一般来说,上不封顶,越高越好。但下限还是有的,就是不能低于银行一年定期存款利率。如果一家上市公司的净资产收益率低于银行一年定期存款利率,就说明这家公司经营得很一般,赚钱效率很低,已经不值得投资者关注了。
>
> 　　等于银行利率的净资产收益率是上市公司经营的及格线,偶然一年低于银行利率也许还可以原谅,但如果长年低于银行利率,这家公司上市的意义也就不存在了。

(四) 总资产收益率

1. 认知总资产收益率

总资产收益率也称资产收益率,是指企业在一定时期内获得的净利润与总资产平均余额的比率。该指标反映了企业在不考虑投入资本结构的情况下,利用全部经济资源获取利润的能力,其计算公式如下:

总资产收益率=净利润÷总资产平均余额×100%

上述公式中的"总资产平均余额"应是资产负债表中负债及股东权益项目的期初、期末余额的平均数。

总资产收益率体现了利润与全部投入资本之间的比例关系。

教学案例

【案例 5-4】 根据奥特利伟公司 2021 年的报表资料,计算该公司的总资产收益率。

总资产收益率=1 403 515 857.30÷[(47 039 663 400.97+43 634 528 710.14)÷2]×100%=1 403 515 857.30÷45 337 096 055.56=3.10%

2. 总资产收益率的分析

（1）总资产收益率反映了企业资产利用的综合效果。该比率越高，表明资产利用的效率越高，说明企业在增收节支方面取得了良好的效果。

（2）企业的总资产来源于所有者投入资本和举债两个方面。利润的多少与企业资产的多少、资产的结构、经营管理水平有着密切的关系。总资产收益率是一个综合指标，为了正确评价企业经济效益的高低，挖掘提高利润水平的潜力，可以用该项指标与本企业前期、计划、本行业平均水平和本行业内先进企业进行对比，分析形成差异的原因。

（3）总资产收益率的公式可以进行如下分解：

总资产收益率＝净利润÷总资产平均余额×100%

　　　　　　＝（净利润÷营业收入）×（营业收入÷总资产平均余额）

　　　　　　＝营业净利率×总资产周转率

从以上总资产收益率的公式分解过程来看，影响总资产收益率的因素主要是总资产周转速度的快慢以及净利润的大小。企业的营业净利率越大，资产周转速度越快，则总资产收益率越高。因此，提高总资产收益率可以从两方面入手：一方面加强资产管理，提高资产利用率；另一方面加强经营管理，增加营业收入，提高利润水平。

技能训练

算一算 根据附表二资料，计算南京照明股份有限公司 2021 年的总资产收益率。

即学即思 总资产收益率越大，则净资产收益率也越大。你认为这种说法正确吗？

> ☞ **知识链接**
>
> ### 比较净资产收益率与总资产收益率
>
> 　　长期以来，我国上市公司对净资产收益率指标非常重视，因为它是决定企业配股资格的唯一硬指标，围绕净资产收益率的达标问题（以前是连续三年平均 10%，现在是连续三年平均 6%），衍生出不少问题。有人曾做过研究，发现上市公司净资产收益率分布于 10%～11% 之间的企业比重明显偏大，将配股资格线降为 6% 以后，这种局面同样存在。当然，企业为了得到再融资资格，在合理的范围内进行资产重组或资金运筹，倒也无可非议，关键是指标本身应科学合理，能恰当地评价和反映企业资金使用效果。
>
> 　　近年来，上市公司配完股就"变脸"的情况越来越多，有的配完股当年就亏损，这种问题不能不引起我们的重视。不少专业人士认为，以单项指标作为认定配股资格的依据并不合适，企业可通过"数字游戏"来达到资格线。不难发现，配股后"变脸"的公司，大部分前几年净资产收益率平均处于 10%～11% 之间，现在则往往正好是在 6% 以上。由此可以看出，对企业配股的考核依据需要完善。仅从单项指标的考核来看，净资产收益率并不是最优的选择，因为净资产收益率作为一项财务指标虽然有一定的考核作用，但也有着明显的缺陷。
>
> 　　第一，净资产收益率的计算，分子是净利润，分母是净资产，由于企业的净利润并非仅是净资产所产生的，因而分子分母的计算口径并不一致，从逻辑上讲是不合理的。

第二，净资产收益率可以反映企业净资产（股权资金）的收益水平，但并不能全面反映一个企业的资金运用能力。

很显然，全面反映一个企业资金运作的整体效果的指标应当是总资产收益率，而非净资产收益率。总资产收益率与净资产收益率的差别仅在于分母的计算范围上。净资产收益率的计算分母是净资产，总资产收益率的计算分母是全部资产，这样分子分母才具有可比性，在计算口径上才是一致的。

第三，运用净资产收益率考核企业资金利用效果存在很多局限性。

（1）每股收益与净资产收益率指标互补性不强。由于各个上市公司的资产规模不相等，因而不能以各企业的收益绝对值指标来考核其效益和管理水平。目前，考核标准主要是每股收益和净资产收益率两项相对数指标，然而，每股收益主要是考核企业股权资金的使用情况，净资产收益率虽然考核范围略大（净资产包括股本、资本公积、盈余公积、未分配利润），但也只是反映了企业权益性资金的使用情况，显然在考核企业效益指标体系的设计上需要调整和完善。

（2）以净资产收益率作为考核指标不利于企业的横向比较。由于企业负债率的差别，如某些微利企业负债奇高，导致净资产收益率偏高，甚至达到了配股要求，而有些企业尽管效益不错，但由于财务结构合理，负债较低，净资产收益率却较低，并且有可能达不到配股要求。

比较典型的例子是陕西的一家上市公司"ST黄河科技"（现已更名为广电网络），1997年时总股本为1.1亿元，总资产为5.2亿元，由于前两年连续亏损，每股净资产仅为0.51元，净资产总额0.57亿元，资产负债率高达近90%，当年实现利润仅为0.058 2亿元，每股收益仅0.052元，净资产收益率却达10.18%。1998年实现利润仅为0.06亿元，每股收益仅为0.06元，然而净资产收益率却达11.19%。到了1999年则更离谱，实现净利润不足0.04亿元，净资产收益率更是达到了34.34%。显然，该公司在配股资格上是无问题的。虽然该公司后来并没有获得管理层的配股许可，但至少说明考核依据是值得商榷的。

配股作为一项再筹资活动，目的是形成社会资源的优化配置，使社会资金向优势企业流动。然而以黄河科技为例，连续三年的利润额0.052、0.06和0.04亿元，相对于每年5.2亿、6.6亿和4.6亿的总资产，总资产收益率分别只有1.0%、0.9%和0.9%，资金使用效果是十分低下的，还远不及银行存款利率。假如该企业获准配股，虽然我们并不怀疑该企业今后配股募入的资金也可能会产生良好的效果，但从考核依据来说，相对于总资产收益率较之高得多而净资产收益率并未达到配股资格线的企业，显然是不公平的。

产生这一问题的原因，就在于净资产收益率不一定能全面反映企业资金利用效果。这一点可从净资产收益率与负债比率的关系上看出来：

因为：总资产收益率＝净资产收益率×净资产占总资产的比率
　　　　　　　　　＝净资产收益率×（1－负债比率）

因此：净资产收益率＝总资产收益率÷（1－负债比率）

从公式可以看出，在总资产收益率一定的情况下，负债比率越高的企业，净资产收益率会越高。这虽然给上市公司以启示,即要提高净资产收益率,必须相对提高负债比率,但同时也会带来一些负面作用,即企业想方设法提高负债比率,使企业产生借款冲动。例如,很多企业在发行新股或配股后,不得不立即考虑"配套"借款,巨额筹资往往找不到投向,便大量地委托理财,使我国股市"资金推动市"的效应明显。如果以总资产收益率指标来考核,无论是企业的权益性资金还是借入资金,均纳入资金利用效果的考核范围,企业不可能通过调节负债比率来提升指标,这样既有利于企业的横向比较,也能比较真实地反映企业资金利用效果,避免净资产收益率指标的片面性。

由上可以看出,以净资产收益率指标作为企业再筹资的考核标准弊病较多,而改用总资产收益率考核则要合理得多,一方面可以恰当地反映企业资金利用效果,帮助投资者做出正确的投资决策;另一方面可以在一定程度上避免企业玩"数字游戏"达标。因此,为全面地考核企业资金利用效果,引导社会资源合理流动,真正使资金流向经济效益高的企业,抑制企业筹资冲动,应改用总资产收益率作为配股和增发的考核标准。

三、盈利能力分析的目的

由于盈利是企业生产经营的重要目标,更是企业生存和发展的物质基础,所以无论是企业的经营者、债权人,还是股东(投资者)都非常关心企业的盈利能力,并重视其变动趋势的分析与预测。

(一)经营者分析企业盈利能力的目的

从企业的角度来看,企业从事经营活动的直接目的就是最大限度地赚取利润并维持企业持续稳定地经营和发展。持续稳定地经营和发展是企业获取利润的基础,而最大限度地获取利润又是企业持续稳定发展的目标和保证。只有在不断地获取利润的基础上,企业才可能发展。同样,盈利能力较强的企业比盈利能力较弱的企业具有更大的活力和更好的发展前景。因此,盈利能力是企业经营者最重要的业绩衡量指标,是管理者发现问题、改进企业管理的抓手。对企业经营者来说,进行企业盈利能力分析的目的具体表现在以下两个方面:

(1)利用盈利能力的有关指标反映和衡量企业经营业绩。企业经营者的根本任务就是通过自己的努力使企业赚取更多的利润。各项收益数据反映着企业的盈利能力,也表现了经营者工作业绩的大小。用完成的盈利能力指标数据与标准、基期、同行业平均水平以及其他企业相比较,则可以衡量经营者工作业绩的优劣。

(2)通过盈利能力分析发现经营管理中存在的问题。盈利能力是企业各个环节经营活动的具体表现,企业经营的好坏都会通过盈利能力表现出来。通过对盈利能力的深入分析,可以发现经营管理中的重大问题,进而采取措施解决问题,提高企业收益水平。

(二)债权人分析企业盈利能力的目的

对于债权人来讲,利润是企业偿债的重要来源,特别是对长期债务而言。盈利能力的强弱直接影响企业的偿债能力。企业举债时，债权人势必审查企业的偿债能力，而偿债能力的最终保障则取决于企业的盈利能力。

（三）股东（投资人）分析企业盈利能力的目的

对于股东（投资人）而言，企业盈利能力直接关系到他们获取的投资收益。股东们投入资本的直接目的就是获得更多的利润。股东们关心企业赚取利润的多少并重视对企业盈利能力的分析，是因为他们的股利与企业的盈利能力是紧密相关的。此外，企业盈利能力的增强还会使股票价格上升，从而使股东们获得更多的收益。

> ☞ 知识链接
>
> #### m公司利润表的秘密
>
> 曾有一家资产过亿、员工超过6 000名的老国有企业（M公司），多年来一直亏损，持续经营无望，经破产清算后将其中少部分良性资产整合，成立了新的股份有限公司（m公司），任命了新的老总。此后三年，m公司对外报出的报表显示，该公司连续三年盈利超过1 000万元。于是在破产清算中买断工龄的大批员工就感叹了："看看，企业还是生产那些东西，并没有特殊的技术革新，留下来的300人也是那些人，可企业却能盈利，这新老总真不是一般人啊！"
>
> 为什么只要重组企业就能盈利呢？难道真的只要"股份"，企业就能盘活？或者这个新老总真的是个能人？事实不然，m公司完全没有改变M公司经营不善的本质，企业之所以盈利，是因为M公司在多年前投资了一个台资机械类合资公司，占该合资公司40%的股份。M公司破产时，做出的决策就是保留在这个台资企业的股份份额没变。M公司破产了，它所占的股份理所当然地转到了新成立的股份公司m公司名下。随着这个合资企业的不断兴起，在最近三年里，其净利润每年接近5 000万元，而m公司作为"继"母公司，自然而然地得到40%的利润，这就是m公司什么也不做，利润表上也可直接增加2 000万元收益的原因。
>
> 当资产过亿元并巨额亏损的M公司分得2 000万元利润时，它还是亏损，而当甩掉包袱的m公司拥有2 000万元"外来"利润时，其合并后报表出现超过1 000万元的盈利就再正常不过了。只可惜破产清算中买断工龄的大批员工并不知道利润表中还有这样的秘密，也没有想到新老总所有的业绩全是"移花接木"。因此，分析企业盈利能力，需要对利润的来源做出详细分析，这样才能正确评价一个企业经营的好坏。

任务二　盈利能力分析

研究利润与营业收入的比例关系，可以知道企业在生产经营活动中获取利润的能力。下面以奥特利伟公司为例，对公司各项盈利能力的衡量指标进行计算，并将各项指标进行同业比较分析和历史比较分析，从而评价奥特利伟公司的盈利能力。

一、同业比较分析

【案例 5-5】 根据奥特利伟公司 2021 年的报表资料,将公司的营业毛利率、营业净利率、净资产收益率和总资产收益率的实际值与同行业标准值进行比较分析,如表 5-1 所示。

表 5-1　　　　　　　　　奥特利伟公司盈利能力同业比较分析

指　　标	企业实际值	行业标准值
营业毛利率/%	15.82	12.50
营业净利率/%	16.94	11.00
净资产收益率/%	5.16	6.80
总资产收益率/%	3.10	4.50

从表 5-1 可以看出,奥特利伟公司营业毛利率实际值高于行业标准值 3.32 个百分点,说明奥特利伟公司与同行业相比营业成本所占比重较小,抵补各项期间费用的能力较强。

奥特利伟公司的营业净利率实际值高于行业标准值 5.94 个百分点,说明奥特利伟公司在成本费用控制方面效果比较理想。

从表 5-1 还可以看出,奥特利伟公司净资产收益率和总资产收益率均低于行业标准值,说明奥特利伟公司总资产的周转速度较慢,资产的利用效率较低,企业应该加强资产的管理,提高资产的利用效率,从而提高企业资产的盈利能力。

二、历史比较分析

【案例 5-6】 根据奥特利伟公司 2021 年和 2020 年的报表资料,说明历史比较分析的过程。该企业营业毛利率、营业净利率、净资产收益率和总资产收益率的实际指标值在表 5-2 中列示。

表 5-2　　　　　　　　　奥特利伟公司盈利能力历史比较分析

指　　标	2021 年	2020 年
营业毛利率/%	15.82	18.51
营业净利率/%	16.94	11.65
净资产收益率/%	5.16	2.84
总资产收益率/%	3.10	1.76

从表 5-2 可以看出,2021 年奥特利伟公司营业毛利率下降而营业净利率上升,是因为公司的投资收益在大幅度提高。

从表 5-2 可以看出,奥特利伟公司 2021 年的净资产收益率和总资产收益率都高于 2020 年,主要是因为公司的净利润增加了 85.46%。

 技能训练

算一算 根据附表一、附表二资料,计算南京照明股份有限公司 2021 年和 2020 年的营业毛利率、营业净利率、净资产收益率和总资产收益率,并进行趋势分析。

任务三 上市公司盈利能力分析

上市公司是指公司股票在证券交易所公开流通的股份制企业。对于上市公司盈利能力的评价,上节所介绍的相关指标同样适用,鉴于上市公司的特殊性,还需要对一些特殊的财务指标进行分析,其中主要包括每股收益、每股净资产、市盈率和市净率等。

一、上市公司盈利能力的衡量指标

(一)每股收益

1. 认知每股收益

每股收益是企业在一定时期内获取的净利润扣除优先股股利后的余额与发行在外普通股加权平均股数的比率,是反映上市公司盈利能力的一项最基本的指标,也是上市公司股东密切关注的指标,其计算公式如下:

每股收益=(净利润-优先股股利)÷发行在外普通股加权平均股数

发行在外普通股加权平均股数=期初发行在外普通股股数+(当期新发行普通股股数×已发行时间)÷报告期时间-当期回购普通股股数×已回购时间÷报告期时间

由于优先股股东对股利的受益权优先于普通股股东,所以在计算普通股股东所能享受的收益时,应将优先股股利扣除。而分母普通股的数量应该是当期发行在外的普通股的加权平均数。

扫码学习微课:
上市公司盈利能力分析

 教学案例

【案例 5-7】 奥特利伟公司自 2021 年 9 月 1 日起增加普通股 74 237 502 股,公司总股本由 3 714 312 789 股变更为 3 788 550 291 股。公司没有发行优先股。计算该公司发行在外普通股加权平均股数和每股收益。

（1）发行在外普通股加权平均股数＝3 714 312 789+（74 237 502×4÷12）

＝3 714 312 789+24 745 834＝3 739 058 623（股）

（2）每股收益＝1 403 515 857.30÷3 739 058 623＝0.38（元/股）

即学即思 某公司2022年初发行在外的普通股股数是8 000万股，当年8月1日又增发了1 200万股，并且本年内未发行其他股票，也无其他退股事项，问2022年发行在外普通股加权平均股数是多少？

2. 每股收益分析

（1）在分析每股收益指标时，应注意公司利用回购库存股的方式减少发行在外的普通股股数，使每股收益简单增加。另外，由于企业将盈利用于再投资、派发股票股利或配售股票，就会使企业流通在外的股票数量增加，这样将会大量稀释每股收益，使每股收益下降。在分析上市公司盈利能力时，应注意区分公布的每股收益是按原始股股数还是按完全稀释后的股份计算规则计算的，以免使投资者受到误导。

稀释每股收益＝（净利润－优先股股利）÷期末发行在外普通股股数

（2）每股收益通常在各公司之间的业绩比较中被广泛地加以引用，是评价上市公司盈利能力的一项基本指标，一般会在上市公司的利润表中列出。此指标越大，盈利能力越好，股利分配来源越充足，资产增值能力越强。

（3）在通过分析每股收益分析企业的盈利能力时应注意，每股收益不反映股票所包含的风险。不同公司所在行业不同，资产结构不同，它们在相同的每股收益下的风险高低也不同。

技能训练

算一算 根据附表二资料，南京照明股份有限公司2021年初发行在外普通股1 678 123 584股，当年没有增发普通股，也不存在优先股。计算该公司的每股收益。

（二）市盈率

1. 认知市盈率

市盈率是普通股每股市价与每股收益的比率。该指标经常被用于评价股票的投资价值，其计算公式如下：

市盈率＝普通股每股市价÷每股收益

教学案例

【案例5-8】 2021年12月31日，奥特利伟公司的每股市价是20.59元，计算该公司的市盈率。

市盈率＝20.59÷0.38＝54.18

2. 市盈率分析

（1）市盈率越高，说明市场对公司的未来越看好，表明公司具有良好的发展前景，投资者能获得很好的回报。但是过高的市盈率蕴含着较高的风险,除非公司未来有较高的收益,否则,市盈率越高,说明公司风险也越大。

（2）市盈率指标不能用于不同行业企业的比较。充满扩展机会的新兴行业企业市盈率普遍较高,而成熟工业企业的市盈率普遍较低,这并不说明后者的股票没有投资价值。

算一算 2021年12月31日,南京照明股份有限公司的每股市价是34.02元,计算该公司的市盈率。

> **☞ 知识链接**
>
> **估值中的市盈率判断**
>
> 　　上市公司分析报告大致可以分为这样几个部分:前面是该公司的基本面分析,一般来说都是未来业绩有增长的预期,随后就是对公司未来的业绩进行判断,比如收入、利润等,其中每股收益是重中之重,最后给出未来股价的定位。
>
> 　　从分析报告的结尾往前看可以发现,定价的判断依据是市盈率,因此结论的准确性就与市盈率密切相关。这类报告对市盈率的预测有以下两种方法。
>
> 　　一种方法是利用当前行业的平均市盈率。比如某公司所处行业当前的平均市盈率为20倍,因此就假设公司未来业绩增长后的市盈率也是20倍。这里忽略了一个很大的问题,就是市场的相对位置。如果现在上证指数是1 700点,而当该公司业绩增长以后的上证指数是1 300点,或者是2 500点,这样的市场位置是不一样的,即使是同一个行业其平均市盈率也会出现较大的差异,所以用当前的平均市盈率来预测未来的市盈率有点不妥。
>
> 　　另一种方法是对市盈率进行溢价处理,因为同行业的股票不多,所以就在几个类似公司的市盈率的基础上加上一些溢价,比如把市盈率提高20%等。这里有两个问题:一个是其他类似公司的市盈率有没有可比性,一个是溢价的幅度。由于类似的公司较少,因此市盈率就缺乏明显的代表性。一般来说,有相当一部分个股有主力在运作,所以股价往往会高估一些,相应的市盈率也就高一些,在此基础上再给以溢价就有更加高估的嫌疑。实际上溢价幅度的确定相当困难。
>
> 　　其实投资者在判断股价时也离不开市盈率,只是从实际投资的需要出发,应该判断的是可以买进并持有的市盈率所对应的股价。从风险的角度考虑,投资者应倾向于10以下的市盈率,这样可以保证基本不会亏损,即使未来两年市场一路下跌。这里判断的是买进时的市盈率而不是未来的市盈率,与研究报告有很大的区别。因为投资者是要通过投资获利的,所以关键是未来的股价要上涨,至于未来最终的市盈率是多少并不是主要的,而且也许根本就无法预测。但有一点是肯定的,那就是要比买进时的市盈率高,只有这样投资者才可以获利。

(三) 每股净资产

1. 认知每股净资产

每股净资产，又称每股账面价值，是公司期末净资产与发行在外的普通股股份的比率。该指标是评价上市公司盈利能力的重要指标之一，其计算公式如下：

$$每股净资产 = (股东权益总额 - 优先股股本) \div 发行在外的普通股股数$$

这里所说的股东权益总额是指企业的总资产减去负债后的余额，即账面净资产。如果公司没有优先股，则每股净资产就是股东权益除以普通股股数的商。如果公司有优先股，则应将账面净资产减去优先股股本，其余额才是普通股股东所能分配到的净资产。

 教学案例

【案例5-9】 计算2021年年末奥特利伟公司的每股净资产。

$$每股净资产 = 27\ 359\ 491\ 106.65 \div 3\ 788\ 550\ 291 = 7.22(元/股)$$

2. 每股净资产分析

（1）每股净资产反映了企业的财务实力，该指标越高，表明企业普通股每股实际拥有的净资产越大，未来发展能力越强。但是，也不能一概而论，在市场投机气氛较浓的情况下，每股净资产指标往往不能说明情况。例如一个公司每股净资产较高，有可能是因为公司的负债较少，而这样的公司资产利用效率较低，其发展前景往往不太乐观。相反，有些公司每股净资产较低，但是投资者认为该公司发展前景良好，有潜力，因而甘愿承担较大的风险购进该公司的股票。

（2）由于每股净资产是以历史成本计算的，不能体现净资产的变现价值，因而不适合进行横向比较，但是可以通过纵向分析公司历年来每股净资产的变化，了解公司的发展情况和盈利能力。

 **技能训练**

 算 一 算 计算2021年年末南京照明股份有限公司的每股净资产。

(四) 市净率

1. 认知市净率

市净率是普通股每股市价与每股净资产的比率，其计算公式如下：

$$市净率 = 普通股每股市价 \div 每股净资产$$

教学案例

【案例5-10】 计算2021年年末奥特利伟公司的市净率。

$$市净率 = 20.59 \div 7.22 = 2.85$$

2. 市净率分析

每股净资产也是股票的账面价值,如果市价高于股票的账面价值,则市净率大于1,说明企业资产的质量较好,有发展潜力;反之,则说明企业资产的质量较差,没有发展前景。一般来说,市净率达到3倍时,可以树立较好的公司形象。但是如果是因为市场炒作的缘故而导致市净率过高的话,反而隐藏着较大的风险。所以在对市净率进行分析的时候,并不是比率越大越好,还要结合其他指标进行盈利能力的综合分析。

算 一 算 计算2021年年末南京照明股份有限公司的市净率。

即学即思 有人认为市净率越低的股票其投资价值越高。你认为这种说法正确吗?

二、上市公司盈利能力的同业比较分析

以奥特利伟公司为例,对每股收益、市盈率、每股净资产和市净率这四项指标进行同业比较分析,从而评价奥特利伟公司的盈利能力。

【案例5-11】 根据奥特利伟公司2021年的报表资料,将奥特利伟公司的实际值与同行业标准值进行比较分析,如表5-3所示。

表5-3 奥特利伟公司作为上市公司的盈利能力同业比较分析

指 标	企业实际值	行业标准值
每股收益	0.38	0.30
市盈率	54.18	45.25
每股净资产	7.22	5.05
市净率	2.85	1.98

从表5-3可以看出,奥特利伟公司的四项评价上市公司盈利能力的指标均高于行业标准值,这说明奥特利伟公司有一定的盈利能力。但是对于市盈率和市净率指标还要进一步分析其高于行业标准值的具体原因。如果是因为市价过高,导致市盈率和市净率高于行业标准值的话,一方面说明奥特利伟公司在市场有很高的声誉,对股东有较大吸引力,另一方面说明除非公司未来有较高的收益,否则蕴含着较大的风险。

三、上市公司盈利能力的历史比较分析

以奥特利伟公司为例,对每股收益、市盈率、每股净资产和市净率这四项指标进行历史

比较分析,从而评价奥特利伟公司的持续盈利能力。

 教学案例

【案例 5-12】 根据奥特利伟公司 2021 年、2020 年和 2019 年的报表资料,说明历史比较分析的过程。该企业实际指标值在表 5-4 中列示。

表 5-4　　　　　奥特利伟公司作为上市公司的盈利能力历史比较分析

指　　标	2021 年	2020 年	2019 年
每股收益	0.38	0.20	0.33
市盈率	54.18	46.80	17.27
每股净资产	7.22	7.28	7.05
市净率	2.85	1.29	0.81

从表 5-4 可以看出,奥特利伟公司近三年来四项指标总体呈上升的趋势(2020 年的每股收益除外)。其中 2021 的每股收益较 2020 年有大幅度上升,说明奥特利伟公司的盈利能力在增强,每股净资产的增加说明奥特利伟公司未来发展能力在增强。在每股收益和每股净资产这两项指标上升的条件下,市盈率和市净率的上升说明公司具有良好的盈利能力和发展前景。

 技能训练

算一算 根据附表一、附表二资料,结合南京照明股份有限公司近三年的普通股数量、年末股票市价资料(表 5-5)。计算该公司 2021 年、2020 年、2019 年的每股收益、市盈率、每股净资产和市净率,并进行历史比较分析。

表 5-5　　　　　南京照明股份有限公司盈利能力历史比较分析

指　　标	2021 年	2020 年	2019 年
普通股数量/股	1 678 123 584	1 678 123 584	1 678 123 584
年末股票市价/元	34.02	23.74	12.4

任务四　影响盈利能力的其他因素

对企业盈利能力的分析,除了对以上指标进行综合分析之外,还需要考虑一些特殊因素对企业盈利能力的影响。只有将财务指标的分析和非财务指标因素的影响相结合,才能对企业的盈利能力做出客观全面的评价。

一、税收政策对企业盈利能力的影响

税收政策是指国家为了实现一定时期的任务,选择确立的税收分配活动的方针和原则,它是国家进行宏观调控的主要手段。税收政策对于企业的发展有很重要的影响。符合国家税收政策的企业能够享受税收优惠,增强企业的盈利能力;不符合国家税收政策的企业,则被要求缴纳高额的税收,从而不利于企业盈利能力的提高。因此,国家的税收政策与企业的盈利能力之间存在一定的关系,评价分析企业的盈利能力,离不开对其面临的税收政策环境的评价。然而,由于税收政策属于影响企业发展的外部因素,很多财务人员对企业进行财务分析时往往只注重对影响企业发展的内部因素进行分析,而容易忽视税收政策对企业盈利能力的影响。

二、利润结构对企业盈利能力的影响

企业的利润主要由营业利润、投资收益和非经常项目收入共同构成。一般来说,营业利润和投资收益占公司利润很大比重,而非经常项目在企业总体利润中所占比重不大。所以在对企业的盈利能力进行分析时,很多财务分析人员往往只注重对企业利润总量的分析,或只重视对企业营业利润的分析,而忽视对企业利润构成的分析,忽视利润结构对企业盈利能力的影响。实际上,有时企业的利润总额很多,如果从总量上看企业的盈利能力很好,但是如果企业的利润主要来源于一些非经常性项目,或者不是由企业营业活动创造的,那么这样的利润结构往往存在较大的风险,也不能反映出企业的真实盈利能力。

三、资本结构对企业盈利能力的影响

资本结构是影响企业盈利能力的重要因素之一,企业负债经营程度的高低对企业的盈利能力有直接的影响。当企业的资产报酬率高于企业借款利息率时,企业负债经营可以提高企业的盈利能力,否则企业负债经营会降低企业的盈利能力。有些企业只注重增加资本投入、扩大企业投资规模,而忽视了资本结构是否合理,这样有可能会妨碍企业利润的增长。在对企业的盈利能力进行分析的过程中,许多财务人员也忽视了资本结构变动对企业盈利能力的影响,只注重对企业借入资本或自有资本进行独立分析,而没有综合考虑二者之间的结构是否合理,因而不能正确分析企业的盈利能力。

四、非物质性因素对企业盈利能力的影响

在分析企业盈利能力时不应只注重分析企业的营业收入、成本、费用、资产规模、资本结构等直接影响企业盈利水平的物质性因素,而忽视企业的商业信誉、企业文化、管理能力、专有技术以及宏观环境等一些非物质性因素。事实上,非物质性因素也是影响企业盈利能力的重要动因,比如企业有良好的商业信誉、较好的经营管理能力和企业文化,将会使企业在扩大销售市场、控制成本、获取超额利润等方面有所收获,这些都有利于企业盈利能力的提

高。财务人员在对企业的财务能力进行分析时,如果只注重通过财务报表分析企业的物质性因素,而忽视非物质性因素对企业发展的作用,就不能够揭示企业盈利的深层次原因,也难以准确预测企业未来的盈利水平。

五、利润质量对企业盈利能力的影响

对企业盈利能力高低的判断,取决于企业提供的利润信息,企业利润的多少直接反映企业的盈利能力。一般来说,在资产规模不变的情况下,企业的利润越多,说明企业的盈利能力相应越好;反之,企业的利润越少,说明企业的盈利能力越差。因此,很多财务人员在对企业盈利能力进行分析时,非常重视利润数量的多少。然而,企业的利润额由于受会计政策的主观选择、资产的质量、利润的确认与计量等因素的影响,可能存在质量风险问题。只看重利润的多少,不关心利润的质量,这在很大程度上忽视了利润信息及盈利能力的真实性,从而有可能导致财务分析主体的决策失误。

六、未来发展前景对企业盈利能力的影响

在财务分析时,大多数财务人员都是以企业年度决算产生的财务会计报告为基础计算各种盈利能力指标,从而评价分析企业的盈利能力。在这种盈利能力分析中,人们所计算、评价的数据反映的是过去会计期间的收入、费用情况,这些数据都来源于企业过去的生产经营活动,属于历史资料。而对一个企业的盈利能力进行分析评价,不仅要分析它过去的盈利能力,还要预测分析它未来的盈利能力。企业未来的盈利能力不仅与前期的积累、前期盈利能力的强弱有关,还与企业未来面临的内外部环境有关。因此,如果仅以历史资料来评价企业的盈利能力,很难对企业的盈利能力做出完整、准确的判断。

☞ 本项目公式汇总

指标名称	计 算 公 式
营业毛利率	营业毛利率=(营业收入−营业成本)÷营业收入×100%
营业净利率	营业净利率=净利润÷营业收入×100%
净资产收益率	净资产收益率=净利润÷净资产平均余额×100%
总资产收益率	总资产收益率=净利润÷总资产平均余额×100%
每股收益	每股收益=(净利润−优先股股利)÷发行在外普通股加权平均股数
发行在外普通股加权平均股数	发行在外普通股加权平均股数=期初发行在外普通股股数+(当期新发行普通股股数×已发行时间)÷报告期时间−当期回购普通股股数×已回购时间÷报告期时间
稀释每股收益	稀释每股收益=(净利润−优先股股利)÷期末发行在外普通股股数
市盈率	市盈率=普通股每股市价÷每股收益
每股净资产	每股净资产=(所有者权益总额−优先股股本)÷发行在外的普通股股数
市净率	市净率=普通股每股市价÷每股净资产

项目六

发展能力分析

> **学习目标**
>
> 识记发展能力的含义,理解发展能力分析的各种衡量指标,重点掌握发展能力分析的主要内容。

任务一 认知发展能力分析指标

随着市场经济的发展和经济体制改革的不断深入,企业的经营方式、组织方式等方面发生了重大的变化,给企业财务决策的制定和财务行为的展开提出了更高层次的要求。企业的发展能力是企业通过自身的生产经营活动不断累积扩大的发展潜能。从财务角度看,发展能力是提高盈利能力最重要的前提,也是实现企业价值最大化的基本保证。

一、发展能力的含义

企业发展能力通常是指企业未来生产经营活动的发展趋势和发展潜能,也可以称为增长能力。一方面,与盈利能力分析、营运能力分析、偿债能力分析相比,企业发展能力分析更加全面和充分。企业发展能力是从动态的角度评价企业的成长性。在日益激烈的市场竞争中,企业价值在很大程度上取决于未来的盈利能力,取决于企业营业收入、收益和股利的未来增长,而不是企业过去或目前所获得的收益情况。另一方面,发展能力是企业盈利能力、营运能力和偿债能力的综合体现。无论是增强企业的盈利能力、偿债能力还是提高企业的资产运营效率,都是为了企业未来的生存和发展需要,都是为了提高企业的发展能力。

二、发展能力的衡量指标

衡量企业发展能力的指标主要有营业收入增长率、净利润增长率、资本积累率、资产增长率。

（一）营业收入增长率

1. 认知营业收入增长率

企业营业收入的增长往往表现为市场份额的扩大。企业要增强发展能力，必须要有营业收入的增长为后盾，因此，营业收入增长率是衡量企业发展能力的重要指标，其计算公式如下：

营业收入增长率＝（本年营业收入－上年营业收入）÷上年营业收入×100%

教学案例

【案例6-1】 根据表1-15奥特利伟公司的利润表，计算该公司2021年的营业收入增长率。

营业收入增长率＝（8 285 712 179.35－6 491 469 437.92）÷6 491 469 437.92×100%＝27.64%

2. 营业收入增长率分析

营业收入增长率是反映企业营业收入在一年之内增长幅度的比率。营业收入增长率为正数，说明企业本期营业规模扩大，营业收入增长率越高，说明企业营业收入增长得越快，销售情况越好；营业收入增长率为负数，则说明企业销售规模减小，营业收入出现负增长，说明销售情况较差。

技能训练

算一算 根据附表二资料，计算南京照明股份有限公司2021年营业收入增长率。

（二）净利润增长率

1. 认知净利润增长率

净利润是企业经营业绩的结果，净利润的增长是企业成长性的基本表现。净利润增长率是某一年度内税后净利润增加额与年初税后净利润之比，其计算公式如下：

净利润增长率＝（本年税后净利润－上年税后净利润）÷上年税后净利润×100%

教学案例

【案例6-2】 根据表1-15奥特利伟公司的利润表，计算该公司2021年的净利润增长率。

净利润增长率＝（1 403 515 857.30－756 790 938.98）÷756 790 938.98×100%＝85.46%

2. 净利润增长率分析

净利润增长率是反映企业税后净利润在一年内增长幅度的比率。净利润增长率为正数，说明企业本期净利润增加，净利润增长率越高，说明企业未来的发展前景越好；净利润增长率为负数，说明企业本期净利润减少，收益降低，企业的发展前景受挫。

技能训练

算 一 算 根据附表二资料,计算南京照明股份有限公司2021年净利润增长率。

(三) 资本积累率

1. 认知资本积累率

资本积累率是某一年度内企业所有者权益增加额与年初所有者权益的比率,其计算公式为:

资本积累率=(年末所有者权益−年初所有者权益)÷年初所有者权益×100%

 教学案例

【案例6-3】 根据表1-12奥特利伟公司的资产负债表,计算该公司2021年的资本积累率。

资本积累率=(27 359 491 106.65−27 022 102 849.68)÷27 022 102 849.68×100%
　　　　　=1.25%

2. 资本积累率分析

资本积累率反映的是企业经过一年的生产经营之后所有者权益的增长幅度。资本积累率越高,表明企业本年度所有者权益增加得越多,企业自有资本的积累能力越强,对企业未来的发展越有利;反之,资本积累率越低,表明企业本年度所有者权益增加得越少,企业自有资本积累能力越弱,对企业未来的发展越不利。

 技能训练

算 一 算 根据附表一资料,计算南京照明股份有限公司2021年的资本积累率。

(四) 资产增长率

1. 认知资产增长率

资产增长率就是本年度资产增加额与年初资产总额之比,其计算公式如下:

资产增长率=(年末资产总额−年初资产总额)÷年初资产总额×100%

 教学案例

【案例6-4】 根据表1-12奥特利伟公司的资产负债表,计算该公司2021年的资产增长率。

资产增长率=(47 039 663 400.97−43 634 528 710.14)÷43 634 528 710.14×100%
　　　　　=7.80%

2. 资产增长率分析

资产增长率是用来反映企业资产总规模增长幅度的比率。资产增长率为正数,说明企业本年度资产规模增加,资产增长率越大,说明资产规模扩张得越快;资产增长率为负数,则说明企业本年度资产规模缩减,资产出现负增长。

技能训练

算 一 算 根据附表一资料,计算南京照明股份有限公司 2021 年的资产增长率。

三、发展能力分析的目的

发展能力分析的基本内容包括两方面:一是企业发展能力指标分析。发展能力指标分析就是运用财务指标对企业未来的增长能力和发展趋势加以评估。企业发展能力指标分析就是通过计算和营业收入增长率、收益增长率、资本积累率、资产增长率等指标,衡量企业在营业收入、收益、所有者权益、资产等方面的发展能力,并对其发展趋势进行评估。二是持续增长策略分析。企业为了实现可持续增长,通常需要制定营销政策、资产营运政策、融资政策和股利政策给予保障。前两者构成了企业的经营战略,后两者构成了企业的财务战略。在财务分析过程中,可借助于"可持续增长率"这个综合指标全面衡量企业综合利用这些政策所能够获得的预期增长速度。因此,持续增长策略分析主要包括:通过企业的可持续增长率分析影响企业持续增长的因素;分析企业为达到发展战略目标应该选择的增长战略,包括经营战略分析和财务战略分析。

企业的发展能力对投资者、债权人和其他利益相关者非常重要。投资者的回报来源于企业未来的盈利能力,债权人的债务清偿资金来自企业未来的现金流,这些利益主体都非常关注企业未来的成长性。因此,有必要对企业的发展能力进行深入分析。发展能力分析的目的主要体现在以下两个方面。

(1)利用发展能力的有关指标衡量和评价企业的增长潜力。企业经营活动的根本目的就是不断增强企业自身持续生存和发展的能力。通过将企业实际的增减能力指标与计划、同行业的其他企业同类指标进行比较,可以评价企业增长能力的强弱;将企业不同时期的增长能力指标进行比较,可以评价企业在营业收入、收益、所有者权益、资产等方面的增减速度和增减趋势。

(2)通过发展能力分析发现影响企业增长的关键因素,调整企业战略。企业战略研究表明,在企业市场份额既定的情况下,如果企业采取一定的经营战略和财务战略,就能够使企业的价值最大化。也就是说,企业经营战略和财务战略的不同组合能够影响企业未来的增长能力。因此,在评价企业目前盈利能力、营运能力、偿债能力和股利政策的基础上,通过深入分析影响企业持续增长的相关因素,并根据企业的实际经营情况和发展战略确定企业未来的增长速度,相应调整其经营战略和财务战略,能够实现企业的持续增长。

知识链接

企业可持续发展能力的内涵界定

企业评价指标体系主要用于测度企业目标实现的程度和实现手段的水平。要构建一套能真正说明企业可持续发展能力的评价体系，准确界定企业的可持续发展是最根本的出发点，在此基础上才可以清晰衡量、确定企业可持续发展的主要来源、因素，从而对其进行评价，并最终形成同一企业纵向比较、不同企业横向比较可持续发展能力的主要依据。

企业有多种不同的划分标准，按照其生存状态和发展趋势，可将其分为四类（图6-1）：一是既无持续性又无发展性的企业。这类企业在市场中只是昙花一现，不会引起人们的注意，研究价值也不大。二是持续存活但无发展性的企业。这类企业长期维持原有的经营模式和经营规模，企业经营业绩、资产的数量和质量没有显著的增长，可谓"百年小店"。三是发展迅速但存活时间不长的企业。这类企业通常在短期内实现了资产的迅速膨胀，但是由于种种原因很快又从市场中销声匿迹，可谓"巨婴"型的短命企业。曾经红极一时的巨人集团、秦池集团就可归入此类。四是可持续发展型企业，也正是所要重点讨论的对象。所谓可持续发展型企业，是指企业在市场竞争中持续存活、发展性良好，由小到大、由弱到强，量的扩张和质的提升齐头并进。从美国《财富》杂志最近几年的统计数字看，世界500强企业中，排名前50位的企业寿命大多是百年以上，最长的达700年。如美国目前有杜邦、麦当劳、可口可乐等百岁企业1万余家。随着时间的延续，这些企业的规模越来越大，抗风险能力也越来越强，灵活性和可控性也不断提高。

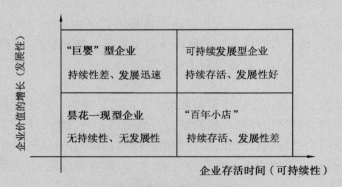

图6-1 企业价值增长与可持续性的关系

企业生命周期理论认为，企业的生命周期是一个由初创期、发展期、成熟期和衰退期四个阶段所构成的闭区间，如图6-2(a)所示。企业可持续发展能力不同于企业生命周期里一个特定的阶段"发展期"，前者是企业发展总体趋势的反映，后者只是企业发展过程中相对独立的一个阶段。导致企业进入衰退期的原因主要有：产品或服务市场的萎缩（如消费者偏好的改变）、企业技术创新滞后、企业组织形态的自然老化、核心人物的离去，或是多种因素交错形成的原因。要避免企业进入生命周期的衰退期，唯有变革与创新，这也是衡量企业是否具备可持续发展能力的根本标准。当企业缺乏创新能力时企业寿命的极大值只能由生命周期的闭区间给出。而可持续发展型企业则具备打破闭区间这个硬约束的能力,通过创新不断培育出新的竞争优势,竞争优势不断地产生和更迭,这样企业生命周期将是一个由发展走向发展的开区间,企业的可持续发展能力则是各个竞争优势连续积分的过程,如图6-2(b)所示,企业进入周而复始的发展期。

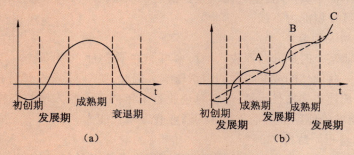

图6-2 企业的周期

因此,企业可持续发展能力的内涵可以概括为三个特征:发展性、持续性和创新性。发展性表现为企业经营业绩的提高、组织规模的扩大、资产数量和质量的增长,从而实现企业价值的增长,体现价值维度的发展;持续性是指企业在时间维度上的发展,若企业寿命超过同行企业的平均寿命,则表明企业持续性较好;创新性以技术、产品(服务)、管理、组织、文化的变革为指标,知识和创新是企业发展的基本动力。发展性、持续性和创新性三者之间的关系密不可分,发展性是企业在持续发展基础之上的发展,持续性是企业在发展过程中的持续,创新性则对企业的持续性和发展性都有重要贡献。也就是说,企业的发展要体现质和量两个维度的同步增长,不是昙花一现,不是短时间内迅速膨胀却迅速消失的"巨婴"型短命企业,也不是持续时间很长却没有发展性的"百年小店"。

任务二 发展能力分析

企业的发展能力对股东、潜在投资者、经营者及其他相关利益者至关重要,企业增长空间如何、增长是否可持续是评价企业投资价值的重要因素。

一、发展能力指标分析

(一)营业收入增长率分析

市场是企业生存和发展的空间,营业收入增长是企业增长的源泉。可以从以下三个方面分析企业在销售方面的成长能力。

1. 营业收入增长的效益

要判断企业在营业收入方面是否具有良好的成长性,必须分析营业收入增长是否具有效益性。正常情况下,一个企业的营业收入增长率应高于其资产增长率,这样才能说明企业在营业收入方面具有良好的成长性。如果营业收入的增加主要依赖资产的过度扩张,也就是营业收入增长率低于资产增长率,说明这种营业收入增长不具有效益性,同时也反映企业在销售方面可持续发展能力不强。

2. 营业收入增长的趋势

仅仅分析企业某个时期的营业收入增长率可能并不全面,因为某个时期的营业收入增长率可能会受到一些偶然的或非正常的因素影响。因此,要全面、充分地分析和判断一个企业营业收入的增长趋势和增长水平,需要对企业若干年的营业收入增长率按时间序列做趋势分析,这样更能准确地反映出企业实际的营业收入增长能力。

3. 营业收入增长的结构

可以利用某种产品营业收入增长率指标来观察企业产品的结构情况,进而分析企业的成长性。根据产品生命周期理论,每种产品的生命周期一般可以划分为四个阶段,产品在不同阶段反映出的营业收入情况也不同:在投放期,由于产品刚刚投入正常生产,产品销售规模较小,增长比较缓慢,即营业收入增长率较低;在成长期,由于产品市场不断扩展,生产规模不断扩大,销售量迅速增加,产品销售增长较快,即营业收入增长率较高;在成熟期,由于市场已经基本饱和,销售量趋于稳定,产品销售将不再有大幅度的增长,即营业收入增长率与上一期相比变动不大;在衰退期,由于市场开始萎缩,产品销售增长速度放慢甚至出现负增长。企业的产品结构由处在不同生命周期的产品系列组成。对于一个具有良好发展前景的企业来说,较为理想的产品结构应该是"成熟一代,生产一代,储备一代,开发一代"。如果一个企业的产品系列都处于成熟期或衰退期,那么它的发展前景就不容乐观。

(二) 净利润增长率分析

在分析企业的净利润增长率时,应结合以下内容。

1. 净利润增长来源

从利润表可以看出,企业净利润除了来自营业收入的经常性损益外,还包括投资收益、公允价值变动损益、资产减值损失、营业外收入这些非经常性损益。因此,要全面认识企业的发展能力,需要结合企业的净利润增长来源进行分析。将经常性损益增长率与净利润增长率进行比较,如果企业的经常性损益增长率高于净利润增长率,则说明净利润的增长主要来源于营业收入这一经常性项目,表明企业产品获利能力较强,具有良好的发展能力;相反,如果企业的经常性损益增长率低于净利润增长率,说明企业的净利润不是主要来源于正常业务,而是来自营业外收入或其他项目,这样的增长随着时间的推移可能消失,说明企业的持续发展能力并不强。

2. 净利润增长趋势

为了更准确地反映企业净利润的增长趋势,应将企业连续多期的净利润增长额、净利润增长率、经常性损益增长率进行对比分析,这样可以排除个别时期偶然性或特殊性因素的影响,从而更加全面、真实地揭示企业净利润的增长情况,反映企业发展能力的稳定性。

（三）资本积累率分析

在进行资本积累率分析时，应结合以下内容。

1. 资本积累因素

资本积累主要来源于经营活动产生的净利润和融资活动产生的股东净支付。所谓股东净支付，就是股东对企业当年的新增投资扣除当年发放股利后的余额。净利润反映了企业运用资本创造收益的能力，而股东净投资率反映了企业利用股东新投资的程度。这两方面的因素决定了资本的增长来源。

2. 资本积累趋势

仅仅计算和分析一段时期的资本积累率是不全面的，为正确判断和预测企业所有者权益规模的发展趋势和发展水平，应利用趋势分析法比较企业不同时期的资本积累率。因为一个持续增长型企业，其所有者权益应该是不断增长的，如果时增时减，则反映企业发展不稳定，同时也说明企业并不具备良好的发展能力。

（四）资产增长率分析

在对资产增长率进行具体分析时，应该结合以下内容。

1. 资产增长的规模是否适当

企业资产增长率高并不意味着企业的资产规模增长就一定适当。评价一个企业的资产规模增长是否适当，必须与营业收入增长、利润增长等情况结合起来分析。只有在一个企业的营业收入增长、利润增长超过资产规模增长的情况下，这种资产规模增长才属于效益型增长，才是适当的、正常的。

2. 资产增长的来源是否合理

对资产增长率进行分析时需要正确分析企业资产增长的来源。企业的资产来源于负债和所有者权益，在其他条件不变的情况下，无论是增加负债规模还是增加所有者权益的规模，都会提高资产增长率。从企业发展的角度看，企业资产的增长应该主要来自企业盈利的增加，即资产增长主要来源于所有者权益的增长。反之，如果一个企业的资产增长完全依赖负债的增长，而所有者权益项目在年度里没有发生变动或者变动不大，说明企业并不具备良好的发展潜力。

3. 资产增长的趋势是否稳定

对于一个健康的处于成长期的企业，其资产规模应该是不断增长的，如果时增时减，则反映出企业的经营业务不稳定，同时也说明企业不具备良好的发展能力。因此，为全面认识企业资产规模的增长趋势和增长水平，应将企业不同时期的资产增长率加以比较。

教学案例

【案例6-5】 根据表1-12、表1-15奥特利伟公司的资产负债表和利润表的资料，计算该公司2021年、2020年的营业收入增长率、净利润增长率、资本积累率和资产增长率，并进行历史比较分析。计算结果见表6-1。

表 6-1　　　　　　　　奥特利伟公司发展能力历史比较分析

指　　标	2021 年	2020 年
营业收入增长率/%	27.64	-15.24
净利润增长率/%	85.46	-38.39
资本积累率/%	1.25	3.22
资产增长率/%	7.80	3.20

从表 6-1 可以看出，2021 年奥特利伟公司的营业收入、净利润都有较大幅度的提高，资产规模有一定的增长，克服了疫情所带来的不利影响；但是资本积累的增速有所放缓。

技能训练

算一算　根据附表一、附表二资料，计算南京照明股份有限公司 2021 年、2020 年的营业收入增长率、净利润增长率、资本积累率和资产增长率，并进行历史比较分析。

二、持续增长策略分析

（一）可持续增长率及其影响因素分析

扫码学习微课：
持续增长策略分析

企业发展的资金来源渠道有三种：一是内部资金，即在不增加外部负债的情况下，依靠内部积累的资金实现增长。这种方式由于企业内部资源的有限性，往往会限制企业的发展。二是外部资金，即依靠增加企业债务和股东投资实现企业的增长。这种方式也有一些缺陷：大量增加负债会增加企业的财务风险，大量增加股东投资会分散控股权，稀释每股收益。三是均衡增长，即在保持目前财务结构的情况下，根据股东权益的增长比例增加借款数额，从而获得企业发展所需的资金。这种增长是一种可持续的增长。可持续增长率是指在不增发新股并保持目前经营效率和财务政策的条件下，企业能够实现的增长速度。可持续增长率的计算公式为：

可持续增长率 ＝净资产收益率×（1－股利支付率）

企业在保持目前经营战略和财务战略的条件下，企业的利润在下一个会计年度最多只能按照可持续增长率的速度增长。可持续增长率越高，意味着企业未来利润的增长速度越快；反之，则越慢。

可持续增长率的计算公式是在假设企业经营战略和财务战略不变的前提下推导出来的。对净资产收益率进行进一步分解，则可持续增长率可以分解为：

可持续增长率＝营业净利率×资产周转率×权益乘数×（1－股利支付率）

从上述分解公式可以看出，影响企业可持续增长率的因素包括：营业净利率、资产周转率、权益乘数和股利支付率。营业净利率反映了企业生产经营的盈利能力，资产周转率则反映了企业的资产营运能力。在财务杠杆水平和股利支付率保持不变的条件下，营业净利率与资产周转率越高,可持续增长率就越高。营业净利率和资产周转率两个指标是企业经营绩效的综合体现,反映企业经营战略的成效,是企业综合实力的体现;而权益乘数和股利支付率则分别体现了企业的融资政策和股利政策,反映企业财务战略的成效。所以,企业的综合实力与承担风险的能力或意愿决定了企业的增长速度。因此,如果企业要改变增长速度,就必须改变经营战略或财务战略,或同时改变两者。例如,企业可以通过提高产品的获利能力,即通过提高营业净利率来达到提高可持续增长率的目的;也可以通过提高自身的资产运营能力,即通过提高资产周转率来达到提高可持续增长率的目的;还可以通过运用财务战略,即通过提高权益乘数或降低股利支付率来达到提高可持续增长率的目的。企业还可以同时利用各种战略的组合来提高可持续增长率。

即学即思 H 股份公司 2022 年度基本每股收益为 0.662 元,确定的利润分配预案为每 10 股派 2.2 元,即公司股利支付率为 33.23%,公司 2022 年度净资产收益率为 18.76%。则 H 股份公司 2022 年度可持续增长率为多少?

(二)持续增长策略分析

1. 企业实际增长率高于可持续增长率时的策略

当企业实际增长率超过可持续增长率时,企业的管理者不能盲目乐观,要及时预测各种可能发生的财务问题。此时,企业处于快速增长期,增长过快,尽管营业收入的增长会带来利润的增长,但同时快速增长会导致大量的现金需求。为了保持企业的可持续发展,企业需要填补资金缺口。可采取的策略有:

(1)注入新的权益资本。当企业愿意并且能够在资本市场增发股票时,它的可持续增长问题即可得以解决。不过,对很多企业来讲,增加权益资本具有一定的局限性。首先,在金融市场不发达的地区,该战略很难实施;其次,即使存在较发达的金融市场,对于规模较小和效益不佳的企业而言,由于难以满足股票发行或上市的条件,或者不能被广大投资者所接受而无法大量发行股票,此时该战略的实施效果也不理想;最后,即使有些企业能够采取该战略,但由于权益筹资成本较高,并且权益筹资会导致流通在外股票数量增加,从而稀释每股收益和企业控制权,因此,原股东往往不愿意采取这种战略。

(2)提高财务杠杆。提高财务杠杆即扩大负债比例,增加负债额。但运用债务融资存在上限,因为企业的债务融资比例越高,则偿债能力越低,此时再负债融资也就越困难,债务融资的资本成本会随之提升,此时会因为成本太高而变得不经济。另外,增加负债额会增加财务风险。因为债务资本不仅要支付固定的利息,而且还要按约定条件偿还本金,是企业一项固定的财务负担,无财务弹性可言。如果企业未来的现金流量不稳定,债务调度不合理,一旦出现经营风险而无法偿还到期债务时,企业将面临较大的财务危机,甚至破产倒闭。

(3)降低股利支付率。这种战略实质就是利用企业内部产生的资金,能够降低企业筹资的资本成本。但选择这种财务战略必须考虑投资者对股利和投资前景的看法。如果投资者认为企业具有良好的投资机会,他们愿意接受企业降低股利支付率的政策;如果投资者认为企业的投资前景不佳,那么,股利支付率的下降可能激起他们的不满,从而导致股票价格下跌或出现董事会改组等现象。另外,股利支付率也有一个下限(即为零),由于内部积累资金的速度较慢,仅仅依靠降低股利支付率不能满足企业的大规模资金需求。

（4）提高经营效率。例如，可以通过缩短应收账款的回收天数、多进货少自制以减少积压库存、缩短生产周期，以及出售或出租闲置固定资产等措施来提高总资产周转率，从而提高可持续增长率。还可以通过有益的剥离，如及时剥离非核心业务，使企业利用有限的资源集中发展核心业务，通过剥离所释放的资金可以支持企业的增长，提高企业的资产周转率。此外，企业还可以通过加强内部成本管理提高营业利润率，从而提高可持续增长率。

2. 企业实际增长率低于可持续增长率时的策略

当企业实际增长率低于可持续增长率时，说明企业现金充足、闲置。企业管理者要综合分析企业内部和外部的原因，找出影响营业收入增长的症结所在，确认企业的增长速度是否可以合理提高，并充分利用闲置资金。可采取的策略有：

（1）寻找投资机会。一般来说，企业的实际增长率低于可持续增长率可能是企业没找到合适的投资机会。企业应寻求新的利润增长点，加大投资力度，选择新的投资项目或收购相关企业，从而避免资源闲置。

（2）提高股利支付率。企业实际增长率低于可持续增长率时，管理层的注意力应该集中在如何有效支配多余的现金流量上。此时现金过剩，企业可适当加大分红比例。这样既有利于企业树立良好的社会形象，也有利于稳定企业股票价格，从而增强投资者对企业持股的信心。

（3）股票回购。当产业进入衰退期，又找不到新的利润增长点或无法进行有效转型，剩余资金也无适当用途（如将其作为银行存款或购买短期证券会影响企业的净资产收益率）时，企业可通过股份回购减少企业股本。这样不仅可充分利用企业现金顺差改善企业资本结构，还可以提高每股收益，从而缩小实际增长率与可持续增长率的差距，推动企业的可持续增长。

总之，可持续增长率对企业发展的指导作用是明显的。企业的发展速度会受到社会政治、经济及企业自身等因素的影响，实际增长率有时会高于或低于可持续增长率，但从长期看，企业的实际增长率会受到可持续增长率的制约。企业只有重视实际增长率与可持续增长率的差距，根据可持续增长率适当控制实际增长率，才能够实现稳定发展。

> ☞ **知识链接**
>
> ### 企业发展的几种状态
>
> 1. 平衡发展
>
> 企业营业利润增长率高于通货膨胀率；当年销售利润能够支付期间费用，并有多余资金用于企业发展投资；企业资金结构合理，财务费用不超过一定标准。
>
> 2. 过快发展
>
> 销售额增长很快，而存货和应收账款也相应增长，且后两项增长比前者快。这种情况下，企业营运资金需求增加，但企业没有足够的资金来源来满足资金的需求，从而出现现金支付困难。
>
> 3. 失控发展
>
> 企业市场需求增长很快，预期增长必将持续，因而企业通过借款来支持这种增长。企业资金结构不合理，营运资金为负。这种情况下，一旦市场需求减少，因生产能力已

经扩大,固定费用支出增加,企业难以及时调整结构,增长出现失控。

4. 负债发展

企业盈利很低,却决定大量举债投资。营运资金为正,营运资金需求也大量增加,但企业利润增长缓慢。这是一种不平衡的冒险发展,因为企业自我发展能力很低,却有大量借款。

5. 周期性发展

企业发展随经济周期的变化而变化,如冶金行业,企业经济扩张时期发展很快,盈利较好;在需求不足时期发展速度放慢,盈利下降。这种企业的投资因长期发展趋势而定,企业固定费用增加很容易使企业陷入困境。

6. 低速发展

企业盈利率较低,没有新增生产能力,也没有新产品进入市场。企业投资已经收回,流动资产和流动负债均没有增长。

7. 慢速发展

企业主动减少投资,营业额增长放慢,但企业流动资产仍有增长,可能是由于产品竞争能力降低,也可能是由于盈利率降低,难以再投资。有一些企业往往在此时靠增加对外投资来解决问题。

以上几种发展状态之间存在着一定的联系:

企业在成长时期,大量资金来源于负债。因为高速发展使企业资金发生短缺,在市场前景乐观的情况下,企业便倾向于负债经营,以期取得收益。但在这一扩张过程中,可能会出现三种情况:一是平衡发展,企业通过收益的增加,不但偿还了负债,而且为企业创造了利润,增加了企业的发展后劲;二是过快发展,企业负债经营,扩大了生产经营规模,但同时加剧了企业资金的短缺,企业面临资金支付困难;三是失控发展,企业增加了固定资产投资,生产规模扩大,市场竞争激烈,但企业的单位成本支出上升,经济效益却下降。

技能训练

算 一 算 A公司2021年度基本每股收益为0.53元,确定的利润分配预案为每10股派发股利1.1元,公司2021年度营业净利率为15.66%,资产周转率为1.05,权益乘数为2.05,要求:

(1) 计算A公司2021年度的可持续增长率。

(2) 如果A公司2022年度的实际增长率为32.34%,试分析公司可能面临的问题,以及应采取哪些财务策略。

☞ 本项目公式汇总

指标名称	计 算 公 式
营业收入增长率	营业收入增长率=(本年营业收入-上年营业收入)÷上年营业收入×100%
净利润增长率	净利润增长率=(本年税后净利润-上年税后净利润)÷上年税后净利润×100%
资本积累率	资本积累率=(年末所有者权益-年初所有者权益)÷年初所有者权益×100%
资产增长率	资产增长率=(年末资产总额-年初资产总额)÷年初资产总额×100%
可持续增长率	可持续增长率=营业净利率×资产周转率×权益乘数×(1-股利支付率)

项目七

现金流量分析

> **学习目标**
>
> 识记现金流量及其分析的含义,理解现金流量分析的各种衡量指标,重点掌握现金流量分析的基本方法。

任务一 认知现金流量分析指标

现金被喻为企业的血液。只有现金循环周转顺畅,企业才能焕发勃勃生机。现金流量表就好比是企业的"验血报告单"。通过这个报告单,投资者和分析人员可以清楚地判断企业日常生产经营运转是否正常。撇开现金流量的财务分析往往不能全面反映实际情况,甚至得出错误的结论。对现金流量的分析首先从认知现金流量及其相关指标入手。

一、现金流量、现金流量表及其分析的含义

现金流量是指企业现金和现金等价物的流入和流出。企业从银行提取现金、用现金购买短期的国库券等现金和现金等价物之间的转换不属于现金流量。

扫码学习微课:
现金流量分析

现金流量表是以收付实现制为基础编制的,反映企业一定会计期间内现金及现金等价物流入和流出信息的一张动态报表。

现金流量表将现金流分为三类:经营活动、投资活动和筹资活动。我国会计准则规定的各项活动内容如下:经营活动是指企业投资活动和筹资活动以外的所有交易和事项,实际上主要指生产经营等活动;投资活动是指企业长期资产的购建和不包括在现金等价物范围内的投资及其处置活动;筹资活动是指导致企业资本及债务规模和构成发生变化的活动。

从编制原则上看,现金流量表按照收付实现制原则编制,将权责发生制下的盈利信息调整为收付实现制下的现金流量信息,为信息使用者补充了资产负债表和利润表之外的企业财务状况信息。

综上所述,现金流量分析主要指的是以现金流量表的相关数据为依据,结合资产负债表和利润表,对利润质量、债务风险等财务指标做进一步评判,获取企业财务状况和经营成果信息的过程。此外,还包括现金流量表本身的趋势分析及结构分析。

二、现金流量利润质量分析

利润质量分析是在盈利能力评价的基础上,以收付实现制为计算基础,以现金流量表所列示的各项财务数据为基本依据,通过一系列现金流量指标的计算,对企业盈利能力的进一步修复与检验。通过现金流量指标的计算来修正和补充盈利能力指标,更有利于对企业的盈利状况进行多视角、全方位综合分析,从而反映企业获取利润的品质。现金流量表被人们比作"利润的测谎仪",可用于对利润质量进行分析,判断盈利水平的含金量和可持续性。如果利润持续高于经营活动产生的现金流量净额,很可能存在现金收回风险,或者利润表的数据存在虚假。如果企业无法持续产生充足的现金流量,可能会遭遇资金链断裂的危险。所以现金流量表分析的作用不容忽视。

(一) 销售收现比率

销售收现比率是销售商品及提供劳务收到的现金与销售收入的比率,它是对营业收入净利率指标的补充,反映企业通过销售获取现金的能力,衡量当期销售收入的资金收现情况。其计算公式为:

销售收现比率=销售商品、提供劳务收到的现金÷销售收入×100%

教学案例

【案例 7-1】 根据表 1-15、表 1-19 资料,计算奥特利伟公司 2021 年的销售收现比率。

销售收现比率= 7 261 356 784.76÷8 285 712 179.35×100% = 87.64%

该指标反映公司每一元销售收入中,有多少是实际收到现金的收益。一般来说,其数值越大表明公司销售收现能力越强,销售质量越高。可分三种情况判断:

(1) 该比率等于或基本等于1,说明本期销售收到的现金与本期的销售收入基本一致,没有形成挂账,资金周转良好。

(2) 该比率大于1,即本期销售收到的现金大于本期的销售收入,说明不仅当期销售全部变现,部分前期应收款项也被收回,这种状况应与应收款项的下降相匹配。

(3) 该比率小于1,即本期销售收到的现金小于本期的销售收入,说明账面收入高,而变现收入低,应收款项增多,必须关注其债权资产的质量和信用政策的调整。若该比率连续几期下降且都小于1,则预示可能存在坏账损失,利润质量的稳定性会受到不利影响。

技能训练

算 一 算 根据附表二、附表三资料,计算南京照明股份有限公司 2021 年的销售收现比率。

（二）总资产现金回收率

总资产现金回收率是经营活动现金净流量与全部资产的比率，可以作为总资产报酬率指标的修正指标。该指标旨在考评企业全部资产产生现金的能力，其数值越大说明资产利用效果越好，利用资产创造的现金流入越多，整个企业获取现金能力越强，经营管理水平越高；反之，则经营管理水平越低。其计算公式为：

总资产现金回收率 = 经营活动现金净流量 ÷ 总资产平均余额 × 100%

【案例 7-2】 根据表 1-12、表 1-19 资料，计算奥特利伟公司 2021 年的总资产现金回收率。

总资产现金回收率 = 737 333 076.69 ÷ [（47 039 663 400.97 + 43 634 528 710.14）÷ 2] × 100%
= 1.63%

企业的现金流量分为三大类，即经营活动产生的现金流量、投资活动产生的现金流量、筹资活动产生的现金流量。计算企业利润相关的现金回收比率时所取的数值仅为经营活动产生的现金流量。这是因为企业的现金流量来源主要取决于该企业的经营活动，投资及筹资活动仅起到辅助作用且其现金流量具有偶然性、非正常性，因此用经营活动产生的现金流量来评价企业业绩更具有可比性。

算一算 根据附表一、附表三资料，计算南京照明股份有限公司 2021 年的总资产现金回收率。

（三）净资产现金回收率

净资产现金回收率是经营活动净现金流量与净资产的比率。该指标是对净资产收益率的有效补充，对那些提前确认收益而长期未收现的企业，可以用净资产现金回收率与净资产收益率进行对比，从而可以补充观察净资产收益率的利润质量。其计算公式为：

净资产现金回收率 = 经营活动净现金流量 ÷ 净资产平均余额 × 100%

【案例 7-3】 根据表 1-12、表 1-19 资料，计算奥特利伟公司 2021 年的净资产现金回收率。

净资产现金回收率 = 737 333 076.69 ÷ [（27 359 491 106.65 + 27 022 102 849.68）÷ 2] × 100%
= 2.71%

技能训练

算 一 算 根据附表一、附表三资料,计算南京照明股份有限公司2021年的净资产现金回收率。

(四)盈余现金保障倍数

盈余现金保障倍数是经营活动现金净流量与净利润的比率。其计算公式为:

盈余现金保障倍数＝经营活动净现金流量÷净利润

 教学案例

【案例7-4】 根据表1-15、表1-19资料,计算奥特利伟公司2021年的盈余现金保障倍数。

盈余现金保障倍数＝737 333 076.69÷1 403 515 857.30＝0.53

在一般情况下,盈余现金保障倍数越大,企业盈利质量就越高。如果盈余现金保障倍数小于1,说明本期净利润中存在尚未实现现金的收入。在这种情况下,即使企业盈利,也可能发生现金短缺。当然,应收账款的增加可能有三个方面原因:一是为了扩大市场份额而导致赊销增加;二是公司规模扩大(资产增加)而带来的应收账款增加;三是盈余管理促成虚列收入,造成应收账款增加。第一种原因可以借助于指标"销售商品、提供劳务收到的现金/经营活动现金流入量"加以分析,若该指标持续上升,应收账款的增加尚属正常;第二种原因可以借助于指标"(期末总资产−期末应收账款)÷(期初总资产−期初应收账款)"加以分析,若该指标上升,说明公司规模扩大,债权资产增加也属正常;若非前两种原因,则有利用应收账款操纵利润之嫌。若企业盈余现金保障倍数一直小于1甚至为负数,则说明企业盈利质量相当低下,严重时会导致企业破产。

 技能训练

算 一 算 根据附表二、附表三资料,计算南京照明股份有限公司2021年的盈余现金保障倍数。

三、现金流量债务风险分析

现金流量债务风险分析就是现金流量对债务偿还的保障程度。企业的负债偿还方式可以分为两种:一种是以企业本身所拥有的资产去偿还;另一种是以新的收益或负债去偿还,但最终还是要以企业的资产去偿还。无论如何,现金流量都是决定企业偿债能力的重要因素。企业现金流量状况如何,受经营状况和融资能力两方面影响,在正常情况下,经营业绩应该与现金流量相一致,当企业经营业绩较好时,就会有持续和稳定的现金收入,从根本上保障了债权人的权益。当企业经营业绩差时,其现金的流入不足以抵补现金的流出,造成营运资金缺乏,现金短缺,偿债能力必然下降。所以,对企业偿债能力的分析还应该结合现金流量从动态方面进行。

(一) 现金流动负债比率

现金流动负债比率是指经营活动现金流量净额与流动负债的比率,用来反映经营活动产生的现金流量净额是本期流动负债的多少倍,体现了支付能力的保障程度。其计算公式为:

现金流动负债比率=经营活动净现金流量÷流动负债平均余额×100%

教学案例

【案例 7-5】 根据表 1-12、表 1-19 资料,计算奥特利伟公司 2021 年的现金流动负债比率。

现金流动负债比率=737 333 076.69÷[(12 453 173 259.73+12 454 545 277.72)÷2]×100%
　　　　　　　　=5.92%

经营活动现金流量净额的大小反映出企业某一会计期间生产经营产生现金的能力,是偿还企业短期债务的基本资金来源。当现金流动负债比率等于或大于 1 时,表示企业有足够的能力以生产经营活动产生的现金来偿还其短期债务;如果该指标小于 1,表示企业生产经营活动产生的现金不足以偿还到期债务,必须采取对外筹资或出售资产才能偿还债务。

需要注意的是,本期经营活动现金流量净额是当前会计年度的经营成果,而流动负债则是年初和年末需要偿还债务的平均余额,二者的会计期间不同。因此,现金流动负债比率指标是建立在以上一年的经营活动现金流量来估计下一年经营活动现金流量的假设基础之上的。使用该指标时,需要考虑未来一个会计年度影响经营活动现金流量变动的因素。

技能训练

算 一 算 根据附表一、附表三资料,计算南京照明股份有限公司 2021 年的现金流动负债比率。

(二) 到期债务本息偿付比率

到期债务本息偿付比率是指经营活动现金流量与本期到期债务本息的比率,用来衡量企业到期债务本金及利息可由经营活动创造的现金来支付的程度。其计算公式为:

到期债务本息偿付比率=经营活动净现金流量÷本期到期债务本息×100%

教学案例

【案例 7-6】 根据表 1-12、表 1-19 资料,计算奥特利伟公司 2021 年的到期债务本息偿

付比率。(假定本期到期债务本息的金额为期末流动负债的80%)

$$到期债务本息偿付比率 = 737\ 333\ 076.69 \div (12\ 453\ 173\ 259.73 \times 80\%) \times 100\%$$
$$= 7.40\%$$

经营活动现金净流量是企业最稳定的经常性的现金来源,是清偿债务的基本保证。如果到期债务本息偿付比率小于1,说明企业经营活动产生的现金不足以偿付到期债务和利息支出,企业必须通过其他渠道筹资或通过出售资产才能清偿债务。这一指标数值越大,表明企业长期偿债能力越强。

技能训练

算一算 根据附表一、附表三资料,计算南京照明股份有限公司2021年的到期债务本息偿付比率。(假定本期到期债务本息的金额为期末流动负债的80%)

(三)强制性现金支付比率

企业经营中,有些现金流出带有强制性,是必须支付的,如生产经营活动中必须支付的现金,偿还本金、支付利息等必须支付的现金等。企业现金流入必须满足这种需要,才能保证生产经营活动正常进行,保持企业良好的信誉。强制性现金支付比率就是反映企业是否有足够的现金应付必须发生的偿还债务、支付业务活动费用等责任的指标。其计算公式为:

$$强制性现金支付比率 = 经营活动现金流入量 \div (经营活动现金流出量 + 偿还到期本息付现) \times 100\%$$

教学案例

【案例7-7】 根据表1-12、表1-19资料,计算奥特利伟公司2021年的强制性现金支付比率。

$$强制性现金支付比率 = 10\ 612\ 805\ 763.90 \div [9\ 875\ 472\ 687.21 + (12\ 453\ 173\ 259.73 \times 80\%)] \times 100\%$$
$$= 53.50\%$$

该指标至少应等于1,即现金流入总量能满足强制性项目的支付需要。这一指标越大,表明企业偿债能力越强,其超过100%的部分,可用来满足企业其他方面的现金需求。

技能训练

算一算 根据附表一、附表三资料,计算南京照明股份有限公司2021年的强制性现金支付比率。

(四)现金债务总额比率

现金债务总额比率是指经营活动现金流量净额与总负债的比率,用来衡量企业的负债总额使用经营活动所产生的现金来支付的程度。其计算公式为:

现金债务总额比率＝经营活动现金流量净额÷总负债平均余额×100%

教学案例

【案例 7-8】 根据表 1-12、表 1-19 资料，计算奥特利伟公司 2021 年的现金债务总额比率。

现金债务总额比率＝737 333 076.69÷[（19 680 172 294.32＋16 612 425 860.46）÷2]×100%
　　　　　　　　＝4.06%

企业真正能用于偿还债务的是现金流量，通过现金流量和债务的比较可以更好地反映企业的偿债能力。现金债务总额比率能够反映企业生产经营活动产生的现金流量净额偿还长短期债务的能力。该比率越高，表明企业偿还债务的能力越强。

技能训练

算 一 算 根据附表一、附表三资料，计算南京照明股份有限公司 2021 年的现金债务总额比率。

（五）利息现金流量保障倍数

利息现金流量保障倍数是指企业生产经营净现金流量与利息费用的比率。该比率反映生产经营活动产生的现金流量净额是利息费用的多少倍。其计算公式为：

利息现金流量保障倍数＝经营活动现金流量净额÷利息费用

教学案例

【案例 7-9】 根据表 1-15、表 1-19 资料，计算奥特利伟公司 2021 年的利息现金流量保障倍数。

利息现金流量保障倍数＝737 333 076.69÷326 935 537.89＝2.26

利息现金流量保障倍数是以现金流量表为基础计算的，旨在计算用现金支付利息的能力。而利息保障倍数是以利润表为计算基础，企业盈利了，利息保障倍数高，但利润中如果存在许多应收账款，没有足够的货币资金还款，则存在较大的财务风险。所以比较利息现金流量保障倍数与利息保障倍数，前者更有利于债权人做出判断。如果企业处于高速成长期，息税前利润和经营活动净现金流量相差很大时，使用利息现金流量保障倍数指标更稳健、更保守。但换一角度，企业资金的充裕还是来自企业的盈利能力，企业盈利能力要从利息保障倍数等其他利润表数据体现。所以两者相辅相成，缺一不可。

技能训练

算 一 算 根据附表二、附表三资料，计算南京照明股份有限公司 2021 年的利息现流量保障倍数。

（六）现金净流量全部债务比率

现金净流量全部债务比率是指企业当年现金及现金等价物的净增加额与总负债的比率。其计算公式为：

现金净流量全部债务比率＝现金及现金等价物的净增加额÷总负债平均余额×100%

教学案例

【案例 7-10】 根据表 1-12、表 1-19 资料，计算奥特利伟公司 2021 年的现金净流量全部债务比率。

现金净流量全部债务比率
　　＝－3 991 603 081.63÷［（19 680 172 294.32＋16 612 425 860.46）÷2］×100%
　　＝－22%

该指标能够反映企业每年现金及现金等价物的净增加额用于偿还全部债务的能力。该指标越高，说明偿债能力越大；该指标越低，则说明企业偿还债务的保障程度越低。

技能训练

算 一 算 根据附表一、附表三资料，计算南京照明股份有限公司 2021 年的现金净流量全部债务比率。

> **☞ 知识链接**
>
> **现金流量分析中应注意的问题**
>
> 1. 经营活动现金流量是分析的重点
>
> 一个健康运转的企业，购、产、销活动是引起现金流量变化的主要原因，所以经营活动应该是现金流量的主要来源。企业的投资、筹资活动主要是为经营活动服务的，属于企业的理财活动。理财活动从某种意义上讲意味着相应的财务风险，理财活动的规模越大，说明企业面临的财务风险也就越大。
>
> 2. 现金流量分析必须注重销售现金收入
>
> 会计系统中权责发生制的实施和债务链的困扰往往导致企业的销售收入大量停留在应收账款之中，销售现金收入较少，从而严重影响债务偿还和经营活动的顺利展开。企业破产不一定是亏损的结果，有些成长型企业虽然账面利润丰厚，但由于现金流不足导致资金链断裂，使企业在巨额负债的情况下不得不宣布破产。相反，有的企业虽然亏损，但是由于有充足的销售现金收入，有可能有机会走出困境，扭亏为盈。
>
> 3. 对于投资人来讲，现金流量的未来预测比历史分析更重要
>
> 尽管现金流量表提供了企业财务状况变动和现金流转的动态信息，可以帮助企业管理者发现和总结营运过程中存在的问题，但是从会计披露的角度讲，如果我们是企业

的投资人,我们分析会计报表的主要目的就是以历史现金流量为基础挖掘企业未来现金流转及发展的信息,用于指导理财活动。

4. 正确对待现金流量变化的结果

现金流量的变化结果无非三种情况:一是现金及其等价物的净增加额大于零;二是现金及其等价物的净增加额等于零;三是现金及其等价物的净增加额小于零。无论出现哪种情况,我们均不能简单得出企业现金流量状况"好转""维持不变"或者"恶化"的结论。我们需要认真分析现金状况变化的原因,需要分析各种因素对现金流量的影响。对现金流量变化过程的分析远比对变化结果的分析更重要。

判断企业收益质量的关键是把握收入、利润、现金流量的相互关系,高收入并不一定代表高利润,也不一定代表高现金流量,同样,高现金流量也不一定代表高利润。企业的危机往往始于因应收账款、折旧、库存、筹资、税收等原因导致的企业利润与现金流量的差异,使企业发生利润虚增、税金和利润分配超过实际情况的现象,最终出现投资回报率下降的结果。

5. 不要偏废对不涉及现金收支的活动分析

不涉及现金收支的活动虽然不会引起现金流量的变化,但是在一定程度上可以反映企业面临一定的现金流转困难。如企业用固定资产偿还债务、易货交易等,可能意味着企业没有足够的现金流量偿还到期债务。另外,企业的投资活动也可能对未来现金流量影响较大,这一点在现金流量预测中不可不考虑。

6. 现金流量分析要与现金预算的编制结合起来

现金流量不仅要重视事后分析,更要重视事前分析。也就是说要根据预测或计划的现金预算表进行分析,由此衡量一个企业在预测期内需要多少资金,这些资金在经营业务中可以取得多少,最有能力的债务偿还期间和金额是多少,最佳筹资(或投资)时机和金额是多少,以便我们更好地监控、掌握、分析和评价企业的现金流转情况。

7. 不同的观察者会从不同的角度分析、评价企业的现金流量

例如:银行和其他债权人重视现金偿债能力指标;证券商则着眼于现金盈利能力指标;经营者一般尤为重视现金结构及周转性指标。因此,财务分析人员在做现金流量分析工作时,需要充分考虑使用者的关注角度。

任务二 现金流量分析

具体进行企业现金流量分析需要结合行业标准和企业历史水平全面评价。

一、同业比较分析

教学案例

【案例 7-11】 根据奥特利伟公司 2021 年的报表资料,进行现金流量利润质量的同业比较分析,相关数据如表 7-1 所示。

表 7-1　　奥特利伟公司现金流量利润质量同业比较分析

指标	企业实际值	行业标准值
销售收现比率/%	87.64	87.00
总资产现金回收率/%	1.63	2.00
净资产现金回收率/%	2.71	3.00
盈余现金保障倍数	0.53	0.80

奥特利伟公司销售收现比率接近 90%,说明本期的销售收入有 9 成收到现金,资金周转较好;盈余现金保障倍数 0.53,加之公司股东资本和全部资产的盈利水平在行业中也相对较低,其总资产现金回收率、净资产现金回收率均呈现不理想态势,说明企业利润质量比较低。

【案例 7-12】 以奥特利伟公司 2021 年的数据为例,进行现金流量短期债务风险的同业比较分析,相关数据如表 7-2 所示。

表 7-2　　奥特利伟公司现金流量短期债务风险同业比较分析

指标	企业实际值	行业标准值
现金流动负债比率/%	5.92	8.00

表 7-2 数据显示,该企业现金流动负债比率为 5.92%,低于同行业平均水平,其依靠生产经营活动产生的现金满足不了短期偿债的需要,公司必须以其他方式取得现金,才能保证债务的及时清偿。

二、历史比较分析

教学案例

【案例 7-13】 根据奥特利伟公司 2021 年、2020 年、2019 年的报表资料,进行现金流量债务风险的历史比较分析,相关数据如表 7-3 所示。

表 7-3 奥特利伟公司现金流量债务风险历史比较分析

指　标	本年实际值(2021年)	上年实际值(2020年)
现金流动负债比率/%	5.92	7.49
到期债务本息偿付比率/%	7.40	8.29
强制性现金支付比率/%	3.72	4.44
现金债务总额比率/%	4.06	5.05
利息现金流量保障倍数	2.26	2.52

表 7-3 数据显示：① 从利息现金流量保障倍数来看，2.26 倍的比值对贷款人而言是不安全的，只有利息保障倍数的一半，负债经营能力不容乐观；② 到期债务本息偿付比率 7.40%，较上年有所减少，主要原因是 2020 年公司对之前的到期债务没有清偿，公司经营活动产生的现金不足以应付即将到期债务的偿还要求，使得 2021 年紧迫性债务压力大为增加；③ 强制性现金支付比率为 3.72%，表明公司现金流入总量不能够满足经营活动现金支付和偿还紧迫性债务本息的需要。

总之，与上年相比，公司紧迫性债务压力增加，经营现金净流量对于其保障能力有所降低。公司的负债规模明显加大，公司债务风险略有加大趋势，应引起注意。

技能训练

算一算　根据附表一、附表二、附表三资料，对南京照明股份有限公司现金流量债务风险进行历史比较分析。

> **知识链接**
>
> ### 现金流量能力分析
>
> 企业的现金流量能力主要反映企业经营业务利润带来经营活动现金流量的能力，能从另一个角度反映上市公司盈利能力和盈利质量的高低。由于现金流量与盈利能力指标相比受会计估算和分摊的影响较小，因此公司的现金流量能力分析可以在一定程度上检验上市公司是否有盈余粉饰和操纵现象，识别盈利能力强弱的真伪。这也是近些年来现金流量表和现金流量能力分析日益备受关注的原因之一。盈利能力指标是以权责发生制为基础的；而现金流量分析则是以现金收付实现制为基础的。一般而言，收入增加迟早会带来现金的流入，费用的增加迟早会带来现金的流出。因此，如果公司盈利较好，应该也有较好的现金流入，特别是较好的营业现金流量。
>
> 现金流量分析主要采用营业现金流量、主营业务收入现金含量和自由现金流量等指标，并将其与盈利能力指标对比分析。如果盈利能力和现金流量能力都较好，说明盈利能力有其营业现金流量作为保障，其盈利质量较好。而通过利润操纵所显示的较高盈利水平，一般是没有营业现金流入作为保障的。
>
> 营业现金流量是指企业正常经营活动所发生的现金流入和现金流出的净额。

主营业务收入现金含量反映主营业务收入带来营业活动现金流量的多少,其指标越高,表明主营业务收入盈利能力、现金能力和盈利质量越好。

自由现金流量是指从客户处获得的现金净额减去用以维持公司目前增长所需的现金支出后的现金流量,其计算公式为:

$$自由现金流量 = 经营现金净流量 - 资本支出$$

自由现金流量是企业在不影响其成长前景的前提下,可以分配给股东的最大现金流量,或可以留用以便将来增值的最大现金流量。企业的自由现金流量越大,企业的市场价值越高。

上述现金流量能力指标共同的优点是:不受存货估价、费用摊销、折旧计提等方面不同会计方法的影响,也不受公司管理层的操纵,它们的计算具有客观性;按照收付实现制的原则计算,是企业在一定时期内实际收到的现金收入,它们不存在未实际收到的现金收入的风险,是确定性很强的指标。而自由现金流量与营业现金流量及主营业务收入现金含量相比的一大优势是:自由现金流量考虑了资本性支出对现金流量的影响,是在不影响企业当前发展的情况下可供自由使用的超额现金流量,是投资者进行投资决策的重要依据。

☞ 本项目公式汇总

指标名称	计算公式
销售收现比率	销售收现比率 = 销售商品、提供劳务收到的现金 ÷ 销售收入 × 100%
总资产现金回收率	总资产现金回收率 = 经营活动现金净流量 ÷ 总资产平均余额 × 100%
净资产现金回收率	净资产现金回收率 = 经营活动净现金流量 ÷ 净资产平均余额 × 100%
盈余现金保障倍数	盈余现金保障倍数 = 经营活动净现金流量 ÷ 净利润
现金流动负债比率	现金流动负债比率 = 经营活动净现金流量 ÷ 流动负债平均余额 × 100%
到期债务本息偿付比率	到期债务本息偿付比率 = 经营活动净现金流量 ÷ 本期到期债务本息 × 100%
强制性现金支付比率	强制性现金支付比率 = 经营活动现金流入量 ÷(经营活动现金流出量 + 偿还到期本息付现)× 100%
现金债务总额比率	现金债务总额比率 = 经营活动现金流量净额 ÷ 总负债平均余额 × 100%
利息现金流量保障倍数	利息现金流量保障倍数 = 经营活动现金流量净额 ÷ 利息费用
现金净流量全部债务比率	现金净流量全部债务比率 = 现金及现金等价物的净增加额 ÷ 总负债平均余额 × 100%

项目八

综合分析

> **学习目标**
>
> 理解杜邦财务分析法的基本原理,识记沃尔比重评分法的运用步骤,熟悉业绩评价的指标体系,能运用杜邦分析的原理对企业财务状况和经营成果进行基本分析。

任务一 杜邦财务分析法

前面介绍的偿债能力、营运能力、盈利能力、发展能力都只是从某一方面对企业进行的财务分析。这种分析不足以全面评价企业的总体财务状况和经营成果,很难对企业形成综合的结论。因而有必要在财务单项能力分析的基础上,将有关指标按其内在联系结合起来进行综合分析。杜邦财务分析法就是这样的一种财务分析方法。

一、杜邦财务分析法的原理和步骤

杜邦财务分析法是利用相关财务比率的内在联系构建一个综合的指标体系,从而考察企业整体财务状况和经营成果的一种分析方法。这种方法由美国杜邦(Dupont)公司在20世纪20年代率先采用,故称杜邦财务分析法。

杜邦财务分析法的具体操作是采用杜邦分析图,将有关分析指标按其内在联系进行分析排列。

净资产收益率 = 净利润÷股东权益平均余额
     = (净利润÷总资产平均余额)×(总资产平均余额÷股东权益平均余额)
     = 总资产收益率×权益乘数 ·· ①
总资产收益率 = (净利润÷营业收入)×(营业收入÷总资产平均余额)
     = 营业净利率×总资产周转率 ·· ②
权益乘数 = 总资产平均余额÷股东权益平均余额 ·· ③

由式①、式②可得：净资产收益率=营业净利率×总资产周转率×权益乘数。决定净资产收益率的因素有三个，即营业净利率、总资产周转率和权益乘数。这样分解以后，可以把净资产收益率这一综合性指标发生变化的原因具体化。

营业净利率和总资产周转率还可做进一步分解。

一是营业净利率的分解：

$$税后净利润=收入-费用+利得-损失$$

其中：利得=营业外收入，损失=营业外支出

二是总资产周转率的分解：

$$总资产=流动资产+非流动资产$$

其中：流动资产=货币资金+交易性金融资产+应收及预付款+存货等

非流动资产=债权投资+长期应收款+长期股权投资+投资性房地产+固定资产+在建工程+使用权资产+无形资产等

通过以上指标的层层分解，就可找出企业财务问题症结之所在。

根据以上指标的分解，可将杜邦财务分析法用杜邦分析图（图8-1）来列示，从而直观地看出企业财务状况和经营成果的总体面貌。

从杜邦分析图上可以了解到如下财务信息：

第一，净资产收益率是杜邦分析图中的核心指标，是一个综合性最强的财务比率。它代表了所有者投入资本的获利能力，反映企业筹资、投资、资产运营等活动的效率，提高净资产收益率是所有者财富最大化的基本保证。这一比率的高低不仅取决于总资产收益率，而且还取决于所有者权益在总权益中的比重。

第二，总资产收益率也是一个重要的财务比率，是企业营业净利率与总资产周转率的综合表现。营业净利率反映了营业收入与其净利润的关系，要提高营业净利率，不仅要增加营业收入，而且要降低营业成本。要提高总资产周转率，一方面要增加营业收入，另一方面要降低资金的占用。由此可见，总资产收益率是营业成果与资产管理的综合体现。

第三，营业净利率反映了企业税后净利润与企业营业收入的关系，就此意义而言，提高营业净利率是提高企业盈利能力的关键所在。营业净利率的提高，一要靠扩大营业收入，二要靠降低成本费用。降低各项成本开支也是企业财务管理的一项重要内容。通过各项成本的列示，有利于进行成本、费用的结构分析，加强成本控制。

第四，在资产营运方面，要联系营业收入分析企业资产的使用是否合理，流动资产与非流动资产的比例安排是否恰当。它们的比例结构是否适当直接影响资金的周转速度。一般而言，流动资产直接体现企业的偿债能力和变现能力，非流动资产直接体现企业的经营规模和发现潜力，两者之间应该有一个合理的比率关系。如果某一项资产比重过大，就应该深入分析其原因。

第五，权益乘数反映了所有者权益同企业总资产的关系。它主要受资产与负债之间比例关系的影响。在资产总额既定的前提下，负债总额越大，权益乘数就越高，说明企业有较高的负债程度，给企业带来了较大的杠杆收益，同时也给企业带来了较大的财务风险。

结合项目一奥特利伟公司2021年度的资产负债表及利润表数据，绘制该公司的杜邦分析图，如图8-1所示。

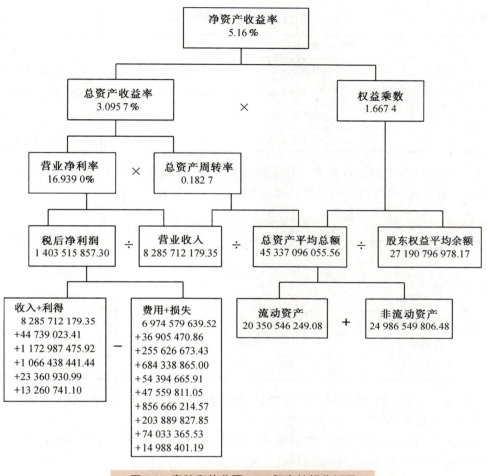

图 8-1　奥特利伟公司 2021 年度杜邦分析图

二、杜邦财务分析法的运用

为了便于掌握杜邦财务分析法的分析过程及其功效,结合项目一中奥特利伟公司的财务数据资料分析如下:

教学案例

【案例 8-1】　分析奥特利伟公司 2021 年净资产收益率变动的影响因素。奥特利伟公司的相关财务数据如表 8-1 所示。

表 8-1　　　　　　　　　　　奥特利伟公司相关财务数据　　　　　　　　　　单位：元

项目	2021年	2020年	2019年
总资产	47 039 663 400.97	43 634 528 710.14	42 281 504 773.85
净资产	27 359 491 106.65	27 022 102 849.68	26 180 069 494.15
净利润	1 403 515 857.30	756 790 938.98	1 228 291 646.07
营业收入	8 285 712 179.35	6 491 469 437.92	7 658 547 813.65

根据表 8-1 所列数据，计算奥特利伟公司 2021 年和 2020 年的营业净利率、总资产周转率、总资产收益率、权益乘数和净资产收益率指标，结果如表 8-2 所示。

表 8-2　　　　　　　　　　　奥特利伟公司部分财务指标

项目	2021年	2020年
营业净利率	16.939 0%	11.658 2%
总资产周转率	0.182 7	0.244 0 3
总资产收益率	3.095 7%	1.761 7%
权益乘数	1.667 3	1.614 9
净资产收益率	5.16%	2.85%

从表 8-2 中了解到，奥特利伟公司 2021 年的净资产收益率比 2020 年有较大幅度提高，这是什么原因造成的？

先对奥特利伟公司的净资产收益率进行分解，该公司净资产收益率提高的主要原因是总资产收益率的上升和权益乘数的提高。再对总资产收益率进一步分解，该公司总资产收益率提高主要原因是营业净利率大幅提高了，而资产周转率下降幅度较小，两者的共同作用使得奥特利伟公司在 2021 年的总资产收益率明显提高。

利用因素分析法进行定量分析，确定各因素的变动对净资产收益率变动的影响程度。分析过程如表 8-3 所示。

表 8-3　　　　　　　　　　　净资产收益率变动因素连环替代分析表

项目	营业净利率	总资产周转率	权益乘数	净资产收益率	影响程度
2020 年度指标	11.658 2%	0.244 03	1.614 9	2.85%	
营业净利率变动	16.939 0%	0.244 03	1.614 9	6.68%	3.83%
总资产周转率变动	16.939 0%	0.182 7	1.614 9	5.00%	−1.68%
权益乘数变动	16.939 0%	0.182 7	1.667 3	5.16%	0.16%

1. 营业净利率变动的影响

按本年营业净利率计算的上年净资产收益率 = 16.939 0% × 0.244 03 × 1.614 9 = 6.68%

营业净利率的变动对净资产收益率的影响 = 6.68% − 2.85% = 3.83%

2. 总资产周转率变动的影响

按本年营业净利率、总资产周转率计算的上年净资产收益率
＝16.939 0%×0.182 7×1.614 9＝5.00%

总资产周转率变动对净资产收益率的影响＝5.00%－6.68%＝－1.68%

3. 权益乘数变动（资本结构变动）的影响

按本年营业净利率、总资产周转率、权益乘数计算的净资产收益率
＝16.939 0%×0.182 7×1.667 3＝5.16%

权益乘数变动对净资产收益率的影响＝5.16%－5.00%＝0.16%

通过分析可知，不利因素是总资产周转率的降低，使净资产收益率降低 1.68%；有利因素是营业净利率和权益乘数的提高，分别使净资产收益率提高了 3.83% 和 0.16%。有利因素超过不利因素，所以净资产收益率上升了 2.31%。

净资产收益率的比较对象可以是本企业的历史数据，用于解释指标变动的原因和变动趋势；也可以是其他企业的同期数据，用于比较企业间的经营战略与财务政策差异。

> ☛ **知识链接**
>
> **"高周转，高盈利"为何难以做到？**
>
> 在实证研究中，我们会发现一些企业销售净利率较高，而总资产周转率较低；另一些企业则与之相反，总资产周转率较高，而销售净利率较低。两者经常呈反方向变化。这种现象不是偶然的。为了提高销售净利率，就是要增加产品的附加值，企业往往需要增加投资，引进先进设备等，引起总资产周转率下降。与此相反，为了加快资产周转，就要降低产品的销售价格，从而引起销售净利率下降。所以，销售净利率较高的制造业，其总资产周转率都较低；总资产周转率很高的零售商业，销售净利率都很低。因而，企业往往会选择"低盈利、高周转"或是"高盈利、低周转"的经营策略。

技能训练

做一做 根据附表一、附表二资料，计算南京照明股份有限公司 2021 年和 2020 年的财务数据，利用杜邦分析方法，分析影响该公司净资产收益率变动的因素。

任务二 沃尔比重评分法

在进行财务分析时，人们遇到的一个主要困难就是计算出各种财务比率之后，无法判断它是偏高还是偏低。与本企业的历史比较，也只能看出自身的变化，却难以评价其在市场竞争中的优劣地位。沃尔比重评分法的运用正好弥补了这一缺陷。

一、沃尔比重评分法的原理和步骤

沃尔比重评分法的先驱者之一是亚历山大·沃尔。他在 20 世纪初出版的《信用晴雨表研究》和《财务报表比率分析》中提出了信用能力指数的概念,把流动比率、产权比率、固定资产比率、存货周转率、应收账款周转率、固定资产周转率、净资产周转率等七项财务比率用线性关系结合起来,并分别给定各自的分数比重,然后通过与标准比率进行比较,确定各项指标的得分及总体指标的累计分数,从而对企业的信用水平做出评价。最基本的沃尔比重评分法如表 8-4 所示。

表 8-4　　沃尔比重评分表

财务比率	权重 ①	标准值 ②	实际值 ③	相对值 ④＝③÷②	评分 ⑤＝①×④
流动比率	25	2.00			
产权比率	25	1.50			
固定资产比率	15	2.50			
存货周转率	10	8			
应收账款周转率	10	6			
固定资产周转率	10	4			
净资产周转率	5	3			
合计	100				

这一方法的优点在于简单易用,便于操作。但它在理论上存在着一定的缺陷:它未能说明为什么选择这七个财务比率,而不是更多或者更少,或者选择其他财务比率;它未能证明各个财务比率所占权重的合理性;它也未能说明比率的标准值是如何确定的。

尽管沃尔比重评分法存在着上述缺陷,但它在实践中仍然被广泛应用并得到不断的改进和发展。在社会发展的不同阶段和不同的环境下,人们应用沃尔比重评分法时所选择的财务比率不断地变化,各个比率的权重不断地修正,各个比率的标准值不断地调整,评分方法不断地改进,但是沃尔比重评分法的基本思路始终没有改变,其运用的基本步骤也没有发生大的变化。沃尔比重评分法的基本步骤如下:

(一) 选定评价指标

不同的分析者所选择的财务比率不尽相同,但在选择财务指标时应注意以下几个原则:① 所选择的比率要具有全面性,反映盈利能力、偿债能力、营运能力和发展能力的指标都应包括在内,只有这样才能反映企业的综合财务状况;② 所选择的财务指标要具有代表性,即在众多财务指标中要选择那些典型的、重要的指标;③ 所选择的指标最好具有变化方向的一致性,即当财务指标数值增大时表示财务状况的改善,当财务指标数值减小时表示财务状况的恶化。一般情况下,选择的财务指标如表 8-5 所示。

表 8-5　　　　　　　　　沃尔比重评分法选择的财务指标

选择的财务指标	分配的权重	指标的标准值
一、偿债能力指标	20	
1. 资产负债率	12	60%
2. 利息保障倍数	8	3
二、盈利能力指标	38	
1. 净资产收益率	25	25%
2. 总资产收益率	13	16%
三、营运能力指标	18	
1. 总资产周转率	9	2
2. 流动资产周转率	9	5
四、发展能力指标	24	
1. 营业收入增长率	12	10%
2. 资本积累率	12	15%
合　　计	100	

（二）确定各项财务指标的权重

如何将 100 分的总分合理分配给所选择的各项财务指标，是沃尔比重评分法中的一个非常重要的环节。分配的标准是依据各项财务指标的重要程度，越重要的财务指标分配的权重越高。对各项财务指标重要性的判断，应结合企业的经营状况、管理要求、发展趋势以及分析的目的等具体情况而定。一般分配权重如表 8-5 所示。

（三）确定各项财务指标的标准值

财务指标的标准值就是判断财务指标数值高低的比较标准。只有确定了标准，我们才能判断企业的某个财务指标是偏高还是偏低。这个比较的标准可以是企业的历史水平，可以是竞争企业的水平，还可以是同行业的平均水平等。其中最常选择的标准是同行业的平均水平。

（四）计算各项财务指标的实际值

利用相关的财务数据计算企业各项财务指标的实际值。

（五）计算各项财务指标的相对值

将各财务指标实际值与标准值相除，得到的数据称为相对值。其计算要区分三种情况，采用不同的方法。

（1）凡实际值大于标准值为理想的，其计算公式为：

$$相对值 = 实际值 \div 标准值$$

如营业净利率，标准值为 20%，某企业实际值为 21%，则其相对值可计算如下：

$$相对值 = 21\% \div 20\% = 1.05$$

（2）凡实际值大于标准值为不理想的，其计算公式为：

$$相对值=[标准值-(实际值-标准值)]÷标准值$$

如存货周转率按周转天数计算，标准值为90天，某企业实际值为100天，则其相对值可计算如下：

$$相对值=[90-(100-90)]÷90=0.888\ 9$$

（六）计算各项财务指标的综合得分及其合计数

各项财务指标的综合得分是相对值和权重的乘积，其合计数可作为评价企业财务状况的依据。一般而言，综合得分合计数如果为100或接近100，表明其财务状况基本上符合标准要求；如与100有较大差距，则表明企业财务状况偏离了标准。

二、沃尔比重评分法的运用

以下结合某上市公司的资料来说明沃尔比重评分法的具体运用。假设选定表8-5中的8个财务指标，具体数据如表8-6所示。

表8-6　　　　　　　　　　沃尔比重评分法的具体运用

选择的财务指标	权重①	标准值②	实际值③	相对值④=③÷②	综合得分⑤=①×④
一、偿债能力指标	20				
1. 资产负债率	12	60%	28.26%	0.471	5.65
2. 利息保障倍数	8	3	15	5	40
二、盈利能力指标	38				
1. 净资产收益率	25	25%	16.21%	0.648 4	16.21
2. 总资产收益率	13	16%	20.93%	1.308 1	17.01
三、营运能力指标	18				
1. 总资产周转率	9	2	0.93	0.465	4.19
2. 流动资产周转率	9	5	2.64	0.528	4.75
四、发展能力指标	24				
1. 营业收入增长率	12	10%	11.11%	1.111	13.33
2. 资本积累率	12	15%	13.01%	0.867 3	10.41
合　　计	100				111.55

任务三　业绩评价

一、业绩评价的含义

业绩评价是指运用数理统计和运筹学的方法,通过建立综合评价指标体系,对照相应的评价标准,定量分析与定性分析相结合,对企业一定经营期间的盈利能力、资产质量、债务风险以及经营增长等经营业绩和努力程度的各方面进行综合的评判。业绩评价由财务业绩定量评价和管理业绩定性评价两部分组成。

二、评价指标

业绩评价指标由财务业绩定量评价指标和管理业绩定性评价指标两大体系构成。确定各项具体指标后,再分别分配不同的权重,使之成为一个完整的指标体系。

（一）财务业绩定量评价指标

财务业绩定量评价指标由反映企业盈利能力状况、资产质量状况、债务风险状况、经营增长状况等四方面的基本指标和修正指标构成,用于综合评价企业财务报表所反映的经营绩效状况。

1. 企业盈利能力指标

企业盈利能力状况以净资产收益率、总资产收益率两个基本指标和营业净利率、盈余现金保障倍数、成本费用利润率（利润总额÷成本费用总额）、资本收益率（净利润÷平均资本）四个修正指标进行评价,以此反映企业一定经营期间的投入产出水平和盈利质量。

2. 企业资产质量指标

企业资产质量状况以总资产周转率、应收账款周转率两个基本指标和不良资产比率（不良资产总额÷资产总额）、流动资产周转率、资产现金回收率（经营现金净流量÷总资产平均余额）三个修正指标进行评价,以此反映企业所占用经济资源的利用效率、资产管理水平与资产的安全性。

3. 企业债务风险指标

企业债务风险状况以资产负债率、利息保障倍数两个基本指标和速动比率、现金流动负债比率（年经营现金净流量÷年末流动负债）、带息负债比率（带息负债总额÷负债总额）、或有负债比率（或有负债余额÷股东权益总额）四个修正指标进行评价,以此反映企业的债务负担水平、偿债能力及其面临的债务风险。

4. 企业经营增长指标

企业经营增长状况以营业收入增长率、资本保值增值率（年末所有者权益÷年初所有者权益）两个基本指标和销售利润增长率、总资产增长率、技术投入比率（本年科技支出合计÷

本年销售收入）三个修正指标进行评价，以此反映企业的经营增长水平、资本增值状况及发展后劲。

（二）管理业绩定性评价指标

管理业绩定性评价指标包括战略管理、发展创新、经营决策、风险控制、基础管理、人力资源、行业影响、社会贡献等八个方面的指标，主要反映企业在一定经营期间所采取的各项管理措施及其管理成效。

1. 战略管理评价

战略管理评价主要反映企业所制定战略规划的科学性、战略规划是否符合企业实际、员工对战略规划的认知程度、战略规划的保障措施及其执行力以及战略规划的实施效果等方面的情况。

2. 发展创新评价

发展创新评价主要反映企业在经营管理创新、工艺创新、技术改造、新产品开发、品牌培育、市场拓展、专利申请、核心技术研发等方面的措施及成效。

3. 经营决策评价

经营决策评价主要反映企业在决策管理、决策程序、决策方法、决策执行、决策监督、责任追究等方面采取的措施及实施效果，重点反映企业是否存在重大经营决策失误。

4. 风险控制评价

风险控制评价主要反映企业在财务风险、市场风险、技术风险、管理风险、信用风险和道德风险等方面的管理与控制措施及效果，包括风险控制标准、风险评估程序、风险防范与化解措施等。

5. 基础管理评价

基础管理评价主要反映企业在制度建设、内部控制、重大事项管理、信息化建设、标准化管理等方面的情况，包括财务管理、对外投资、采购与销售、存货管理、质量管理、安全管理、法律事务等。

6. 人力资源评价

人力资源评价主要反映企业人才结构、人才培养、人才引进、人才储备、人事调配、员工绩效管理、分配与激励、企业文化建设、员工工作热情等方面的情况。

7. 行业影响评价

行业影响评价主要反映企业主营业务的市场占有率、对国民经济及区域经济的影响与带动力、主要产品的市场认可度、是否具有核心竞争力及产业引导能力等方面的情况。

8. 社会贡献评价

社会贡献评价主要反映企业在资源节约、环境保护、吸纳就业、工资福利、安全生产、上缴税收、商业诚信、和谐社会建设等方面的贡献和社会责任的履行情况。

具体指标体系如表8-8所示。

表 8-8　业绩评价指标体系

评价内容	财务业绩(70%)						管理业绩(30%)	
	权数	基本指标	权数	修正指标	权数		评议指标	权数
盈利能力状况	34	净资产收益率 总资产收益率	20 14	营业净利率 盈余现金保障倍数 成本费用利润率 资本收益率	10 9 8 7		战略管理 发展创新 经营决策 风险控制	18 15 16 13
资产质量状况	22	总资产周转率 应收账款周转率	10 12	不良资产比率 流动资产周转率 资产现金回收率	9 7 6			
债务风险状况	22	资产负债率 利息保障倍数	12 10	速动比率 现金流动负债比率 带息负债比率 或有负债比率	6 6 5 5		基础管理 人力资源 行业影响 社会贡献	14 8 8 8
经营增长状况	22	营业收入增长率 资本保值增值率	12 10	销售利润增长率 总资产增长率 技术投入比率	10 7 5			

三、评价标准

业绩评价标准分为财务业绩定量评价标准和管理业绩定性评价标准,通常由政府等权威部门统一测算和发布。

(一) 财务业绩评价定量标准

财务业绩定量评价标准包括国内行业标准和国际行业标准。国内行业标准根据国内企业年度财务和经营管理统计数据,运用数理统计方法,分年度、分行业、分规模统一测算。其中,行业分类按照国家统一颁布的国民经济行业分类标准结合企业实际情况进行划分。国际行业标准根据居于行业国际领先地位的大型企业相关财务指标实际值,或者根据同类型企业相关财务指标的先进值,在剔除会计核算差异后统一测算。

财务业绩定量评价标准按照不同行业、不同规模及指标类别,划分为优秀(A)、良好(B)、平均(C)、较低(D)和较差(E)五个档次。对应这五档评价标准的标准系数分别为1.0、0.8、0.6、0.4、0.2。

财务业绩定量评价标准示例(2006年工业/中型企业业绩评价标准值)如表 8-9 所示。

表 8-9　　　　　　　　　　　　　财务业绩定量评价标准示例

项目		档次及其标准系数				
		优秀(A)	良好(B)	平均(C)	较低(D)	较差(E)
		1.0	0.8	0.6	0.4	0.2
盈利能力状况	净资产收益率/%	16.1	10.7	5.6	-1.1	-8.7
	总资产收益率/%	10.4	7.2	3.2	-0.1	-4.4
	营业净利率/%	30.4	23.2	14.0	6.9	-1.2
	盈余现金保障倍数	10.4	5.0	1.2	0.5	-1.1
	成本费用利润率/%	15.3	10.3	4.0	-0.9	-11.3
	资本收益率/%	21.2	13.2	3.0	-4.3	-12.8
资产质量状况	总资产周转率	1.6	1.2	0.6	0.4	0.2
	应收账款周转率	24.1	14.6	6.2	2.8	1.3
	不良资产比率/%	1.1	2.5	4.0	8.8	20.7
	流动资产比率/%	4.0	2.5	1.3	0.6	0.2
	资产现金回收率/%	15.7	11.8	4.5	-2.1	-5.8
债务风险状况	资产负债率/%	44.6	57.3	66.3	82.2	97.2
	利息保障倍数	6.2	4.5	2.2	1.0	-0.6
	速动比率/%	142.7	112.9	71.8	47.9	30.1
	现金流动负债比率/%	26.9	19.4	5.4	-7.1	-12.4
	带息负债比率/%	25.3	37.6	48.9	72.0	85.4
	或有负债比率/%	0.4	1.3	6.1	14.7	23.8
经营增长状况	营业收入增长率/%	37.8	26.4	10.6	-11.6	-30.7
	资本保值增值率/%	113.2	108.8	104.1	100.3	95.8
	营业利润增长率/%	31.7	21.7	6.3	-14.1	-37.0
	总资产增长率/%	20.4	14.9	7.1	0.5	-9.5
	技术投入比率/%	0.9	0.7	0.5	0.3	0.1

(二) 管理业绩定性评价标准

管理业绩定性评价标准根据评价内容,结合企业经营管理的实际水平和出资人监管要求等统一测算,划分为优、良、中、低和差五个档次。该标准具有行业普遍性和一般性,在进行评价时,应当根据不同行业的经营特点,灵活把握个别指标的标准尺度。本项目对于定性评价标准没有列示,但对被评价企业经营绩效产生重要影响的因素,在评价时也应予以考虑。

四、评价方法

业绩评价分为三个步骤：首先进行财务业绩定量评价；然后在财务定量评价结果的基础上进行管理业绩定性评价；最后将财务业绩定量评价和管理业绩定性评价的结果结合在一起，计算综合业绩评价分值，形成综合评价结果，并据此编写综合评价报告。

☞ **本项目公式汇总**

指标名称	计 算 公 式
权益乘数	权益乘数＝资产总额÷所有者权益
成本费用利润率	成本费用利润率＝利润总额÷成本费用总额×100%
资本收益率	资本收益率＝净利润÷平均资本×100%
不良资产比率	不良资产比率＝不良资产总额÷资产总额×100%
资产现金回收率	资产现金回收率＝经营现金净流量÷平均总资产余额×100%
现金流动负债比率	现金流动负债比率＝年经营现金净流量÷年末流动负债×100%
带息负债比率	带息负债比率＝带息负债总额÷负债总额×100%
或有负债比率	或有负债比率＝或有负债余额÷股东权益总额×100%
资本保值增值率	资本保值增值率＝年末所有者权益÷年初所有者权益×100%
技术投入比率	技术投入比率＝本年科技支出合计÷本年销售收入×100%

项目九

财务报表附注分析

> **学习目标**
>
> 识记财务报表附注的含义,了解财务报表附注的内容构成,分析财务报表附注。

任务一 认知财务报表附注

由于财务报表格式中所规定的项目内容较为固定,只能提供有限数量的信息,同时,列入财务报表的各项信息都必须符合会计要素的定义和确认标准,因此,财务报表本身所能反映的财务信息受到一定限制。通过阅读财务报表附注,会计信息使用者可以了解企业的基本会计假设、会计政策、会计政策和会计估计变更、关联方关系及其交易、资产负债表日后事项等内容。由于财务报表附注的内容较多,且相当一部分内容是定性的而不是定量的,因而财务报表附注的分析往往容易被忽视。

一、财务报表附注的含义

财务报表附注是为了便于财务报表使用者理解财务报表的内容而对财务报表的编制基础、编制依据、编制原则和方法及主要项目等所做的解释,是对财务报表正文信息的补充说明,是财务报表的重要组成部分。

二、财务报表附注的内容

(一)企业的基本情况

财务报表附注中披露的企业基本情况主要包括:
(1)企业注册地、组织形式和总部地址。

（2）企业的业务性质和主要经营活动，如企业所处的行业、所提供的主要产品或服务、销售策略、监管环境等。

（3）母公司及企业集团的名称。

（4）财务报告的批准报出者和财务报告批准报出日。

（二）财务报表的编制基础

企业应当以持续经营为基础编制财务报表。

企业在编制财务报表时，应当对持续经营的能力进行估计。如果已决定进行清算或停止营业，或者已确定在下一个会计期间将被迫进行清算或停止营业，则不应再以持续经营为基础编制财务报表。如果某些不确定的因素导致对企业能否持续经营产生重大怀疑时，则应当在财务报表附注中披露这些不确定因素。如果财务报表不是以持续经营为基础编制的，则企业应当在财务报表附注中对此首先予以披露，并进一步披露财务报表的编制基础，以及企业未能以持续经营为基础编制财务报表的原因。

（三）遵循企业会计准则的声明

企业应当声明编制的财务报表符合企业会计准则的要求，真实、完整地反映了企业的财务状况、经营成果和现金流量等有关信息。以此明确企业编制财务报表所依据的制度基础。

如果企业编制的财务报表只是部分遵循了企业会计准则，附注中不得做出这种声明。

（四）重要会计政策和会计估计

根据财务报表列报准则的规定，企业应当披露采用的重要会计政策和会计估计，不重要的会计政策和会计估计可以不披露。

1. 重要会计政策的说明

由于企业经济业务的复杂性和多样化，某些经济业务可以有多种会计处理方法，也即存在不止一种可供选择的会计政策。例如，存货的计价可以有先进先出法、加权平均法、个别计价法等；固定资产的折旧可以有平均年限法、工作量法、双倍余额递减法、年数总额法等。企业在发生某项经济业务时，必须从允许的会计处理方法中选择适合本企业特点的会计政策。企业选择不同的会计处理方法，可能极大地影响企业的财务状况和经营成果，进而编制出不同的财务报表。为了有助于报表使用者理解，有必要对这些会计政策加以披露。

需要特别指出的是，说明会计政策时还需要披露下列两项内容。

（1）财务报表项目的计量基础。会计计量属性包括历史成本、重置成本、可变现净值、现值和公允价值，这些属性将直接影响报表使用者的分析。这项披露要求便于使用者了解企业财务报表中的项目是按何种计量基础予以计量的，例如存货是按成本还是按可变现净值计量等。

（2）会计政策的确定依据。主要是指企业在运用会计政策过程中所做的对报表中确认的项目金额最具影响的判断。例如，企业如何判断持有的金融资产是债权投资而不是交易性投资。这些判断对在报表中确认的项目金额具有重要影响。因此，这项披露要求有助于使用者理解企业选择和运用会计政策的背景，增加财务报表的可理解性。

2. 重要会计估计的说明

财务报表列报准则强调了对会计估计不确定因素的披露要求，企业应当披露会计估计中所采用的关键假设和不确定因素的确定依据，这些关键假设和不确定因素在下一会计期间内很可能导致对资产、负债账面价值进行重大调整。

资产负债表日，企业在确认资产和负债账面金额的过程中，有时需要对不确定的影响资产和负债的未来事项加以估计。例如，固定资产可收回金额的计算，需要根据其公允价值减去处置费用后的净额与预计未来现金流量的现值两者之间的较高者确定，在计算资产预计未来现金流量的现值时需要对未来现金流量进行预测，并选择适当的折现率，应当在附注中披露未来现金流量预测所采用的假设及其依据、所选择的折现率为什么是合理的等。又如，为正在进行中的诉讼提取准备时最佳估计数的确定依据等。这些假设的变动对资产、负债项目金额的确定影响很大，有可能会在下一个会计年度内做出重大调整。因此，强调这一披露要求，有助于提高财务报表的可理解性。

（五）会计政策和会计估计变更及差错更正的说明

企业应当按照《企业会计准则第 28 号——会计政策、会计估计变更和差错更正》及其应用指南的规定，披露会计政策和会计估计变更及差错更正的有关情况。

（六）报表重要项目的说明

企业应当以文字和数字描述相结合，尽可能以列表形式披露报表重要项目的构成或当期增减变动情况，并且报表重要项目的明细金额合计应当与报表项目金额相衔接。

（七）其他需要说明的重要事项

除上述六项内容外，财务报表附注还包括或有和承诺事项、资产负债表日后非调整事项、关联方关系及其交易等，具体的披露要求须遵循相关准则的规定。

教学案例

【案例 9-1】 以奥特利伟公司为例，列出财务报表附注的部分内容。

一、公司基本情况

1. 公司概况

（1）公司名称：奥特利伟股份有限公司（以下简称"本公司"）。

（2）公司成立日期：1993 年 2 月 26 日。

（3）注册资本：人民币叁拾柒亿壹仟肆佰叁拾壹万贰仟柒佰捌拾玖元整（RMB 3 714 312 789.00）。

（4）经营范围：变压器、电抗器、互感器、电线电缆及其他电气机械器材的制造、销售、检修、安装及回收；机械设备、电子产品的生产销售；五金交电的销售；硅及相关产品的制造、研发及相关技术咨询；矿产品的加工；新能源技术、建筑环保技术、水资源利用技术及相关工程项目的研发及咨询；太阳能系统组配件、环保设备的制造、安装及相关技术咨询；太阳能光伏离网和并网及风光互补系统、柴油机光互补系统及其他新能源系列工程的设计、建设、安装及维护。

2. 行业性质

公司属于电气机械和器材制造业。

3. 主要产品

公司主要产品有变压器及电抗器、电线电缆、国际成套工程承包、多晶硅、太阳能及风能系统工程、煤炭产品等。

二、财务报表的编制基础

1. 编制基础

本公司财务报表以持续经营为基础,根据实际发生的交易和事项,按照财政部颁布的《企业会计准则》及相关规定,编制财务报表。

2. 持续经营

本公司自本报告期末至少12个月内具备持续经营能力,无影响持续经营能力的重大事项。

三、重要会计政策及会计估计

本公司根据实际生产经营特点制定的具体会计政策和会计估计包括营业周期、应收款项坏账准备的确认和计量、发出存货计量、固定资产分类及折旧方法、无形资产摊销、收入确认和计量等。

1. 遵循企业会计准则的声明

本公司编制的财务报表符合企业会计准则的要求,真实、完整地反映了本公司的财务状况、经营成果和现金流量等有关信息。

2. 会计期间

本公司会计年度自公历1月1日起至12月31日止。

3. 营业周期

正常营业周期是指从购买用于加工的资产起至实现现金或现金等价物的期间。本公司营业周期为12个月,并以其作为资产和负债的流动性划分标准。

4. 记账本位币

人民币为本公司及境内子公司经营所处的主要经济环境中的货币,本公司及境内子公司以人民币为记账本位币。本公司之境外子公司根据其经营所处的主要经济环境中的货币确定其记账本位币。本公司编制本财务报表时所采用的货币为人民币。

5. 同一控制下和非同一控制下企业合并的会计处理方法

本公司作为合并方,在同一控制下企业合并中取得的资产和负债,在合并日按被合并方在最终控制方合并报表中的账面价值计量。取得的净资产账面价值与支付的合并对价账面价值的差额,调整资本公积;资本公积不足冲减的,调整留存收益。在非同一控制下企业合并中取得的被购买方可辨认资产、负债及或有负债在收购日以公允价值计量。合并成本为本公司在购买日为取得对被购买方的控制权而支付的现金或非现金资产、发行或承担的负债、发行的权益性证券等的公允价值以及在企业合并中发生的各项直接相关费用之和(通过多次交易分步实现的企业合并,其合并成本为每一单项交易的成本之和)。合并成本大于合并中取得的被购买方可辨认净资产公允价值份额的差额,确认为商誉;合并成本小于合并中取得的被购买方可辨认净资产公允价值份额的,首先对合并中取得的各项可辨认资产、负债及或有负债的公允价值,以及合并对价的非现金资产或发行的权益性证券等的公允价值进行复核,经复核后,合并成本仍小于合并中取得的被购买方可辨认净资产公允价值份额的,将其差额计入合并当期营业外收入。

6. 合并财务报表的编制方法

公司将所有控制的子公司纳入合并财务报表范围。在编制合并财务报表时,子公司与本公司采用的会计政策或会计期间不一致的,按照本公司的会计政策或会计期间对子公司财务报表进行必要的调整。合并范围内的所有重大内部交易、往来余额及未实现利润在合并报表编制时予以抵销。子公司的所有者权益中不属于母公司的份额以及当期净损益、其他综合收益及综合收益总额中属于少数股东权益的份额,分别在合并财务报表"少数股东权益、少数股东损益、归属于少数股东的其他综合收益及归属于少数股东的综合收益总额"项目列示。

对于同一控制下企业合并取得的子公司,其经营成果和现金流量自合并当期期初纳入合并财务报表。编制比较合并财务报表时,对上年财务报表的相关项目进行调整,视同合并后形成的报告主体自最终控制方开始控制时点起一直存在。通过多次交易分步取得同一控制下被投资单位的股权,最终形成企业合并,编制合并报表时,视同在最终控制方开始控制时即以目前的状态存在进行调整,在编制比较报表时,以不早于本公司和被合并方同处于最终控制方的控制之下的时点为限,将被合并方的有关资产、负债并入本公司合并财务报表的比较报表中,并将合并而增加的净资产在比较报表中调整所有者权益项下的相关项目。为避免对被合并方净资产的价值进行重复计算,本公司在达到合并之前持有的长期股权投资,在取得原股权之日与本公司和被合并方处于同一方最终控制之日孰晚日起至合并日之间已确认有关损益、其他综合收益和其他净资产变动,应分别冲减比较报表期间的期初留存收益和当期损益。

对于非同一控制下企业合并取得子公司,经营成果和现金流量自本公司取得控制权之日起纳入合并财务报表。在编制合并财务报表时,以购买日确定的各项可辨认资产、负债及或有负债的公允价值为基础对子公司的财务报表进行调整。通过多次交易分步取得非同一控制下被投资单位的股权,最终形成企业合并的,应在取得控制权的报告期,补充披露在合并财务报表中的处理方法。例如:通过多次交易分步取得非同一控制下被投资单位的股权,最终形成企业合并,编制合并报表时,对于购买日之前持有的被购买方的股权,按照该股权在购买日的公允价值进行重新计量,公允价值与其账面价值的差额计入当期投资收益;与其相关的购买日之前持有的被购买方的股权涉及权益法核算下的其他综合收益以及除净损益、其他综合收益和利润分配外的其他所有者权益变动,在购买日所属当期转为投资损益,由于被投资方重新计量设定受益计划净负债或净资产变动而产生的其他综合收益除外。本公司在不丧失控制权的情况下部分处置对子公司的长期股权投资,在合并财务报表中,处置价款与处置长期股权投资相对应享有子公司自购买日或合并日开始持续计算的净资产份额之间的差额,调整资本溢价或股本溢价,资本公积不足冲减的,调整留存收益。本公司因处置部分股权投资等原因丧失了对被投资方的控制权的,在编制合并财务报表时,对于剩余股权,按照其在丧失控制权日的公允价值进行重新计量。处置股权取得的对价与剩余股权公允价值之和,减去按原持股比例计算应享有原有子公司自购买日或合并日开始持续计算的净资产的份额之间的差额,计入丧失控制权当期的投资损益,同时冲减商誉。与原有子公司股权投资相关的其他综合收益等,在丧失控制权时转为当期投资损益。本公司通过多次交易分步处置对子公司股权投资直至丧失控制权的,如果处置对子公司股权投资直至丧失控制权的各项交易属于一揽子交易的,应当将各项交易作为一项处置子公司并丧失控制权的交易进行会计处理;但是,在丧失控制权之前每一次处置价款与处置投资对应的享有该子公司净资产份额的差额,在合并财务报表中确认为其他综合收益,在丧失控制权时一并转入丧失控制权当期的投资损益。

7. 现金及现金等价物的确定标准

本公司现金流量表之现金指库存现金及可以随时用于支付的存款。现金流量表之现金等价物指持有期限不超过3个月、流动性强、易于转换为已知金额现金且价值变动风险很小的投资。

8. 外币业务和外币报表折算

(1) 外币交易:本公司外币交易按交易发生日的即期汇率将外币金额折算为人民币金额。于资产负债表日,外币货币性项目采用资产负债表日的即期汇率折算为人民币,所产生的折算差额除了为购建或生产符合资本化条件的资产而借入的外币专门借款产生的汇兑差额按资本化的原则处理外,直接计入当期损益。

(2) 外币财务报表的折算:外币资产负债表中资产、负债类项目采用资产负债表日的即期汇率折算;所有者权益类项目除"未分配利润"外,均按业务发生时的即期汇率折算;利润表中的收入与费用项目,采用交易发生日的即期汇率折算。上述折算产生的外币报表折算差额,在其他综合收益项目中列示。外币现金流量采用现金流量发生日的即期汇率折算。汇率变动对现金的影响额,在现金流量表中单独列示。

任务二　财务报表附注分析

财务会计报告由财务报表、财务报表附注和财务情况说明书组成,我国财务分析者往往侧重于财务报表的分析,而对于财务报表附注的分析则重视不足。

财务比率是最重要的财务分析,它反映各会计要素的相互关系和内在联系。基本的财务比率主要包括:变现能力比率、资产管理比率、负债比率和盈利能力比率。下面主要从基本财务比率的四个方面分析财务报表附注对于财务报表分析的影响。

一、对变现能力比率的影响

变现能力比率主要有流动比率和速动比率,其分母均为流动负债。影响企业流动资产变现能力的因素主要是未做记录的或有负债。按照《企业会计准则——或有事项》,或有负债指过去的交易或事项形成的潜在义务,履行该义务预期会导致经济利益流出企业。

或有事项准则规定,只有同时满足以下三个条件才能将或有事项确认为负债,列示于资产负债表:a. 该义务是企业承担的现时义务;b. 该义务的履行很可能导致经济利益流出企业;c. 该义务的金额能够可靠地计量。或有负债确认的b和c项条件往往需要会计人员的职业判断。特别是 b 项,或有事项准则指南虽然规定了"可能性"对应概率,但实际上或有负债的概率很难通过科学的方法计算出来,还得依靠会计和相关人员的职业判断。

或有事项准则只规定了四类或有事项必须在财务报表附注中披露：a. 已贴现商业承兑汇票形成的或有负债；b. 未决诉讼、仲裁形成的或有负债；c. 为其他单位提供债务担保形成的或有负债；d. 其他或有负债(不包括极小可能导致经济利益流出企业的或有负债)。其他的或有负债,包括售出产品可能发生的质量事故赔偿、尚未解决的税额争议可能出现的不利后果、污染环境可能支付的罚款和治污费用等,对于企业来说其可能性是经常存在的。企业有可能利用或有事项准则对其他或有负债"极小可能"的规定不披露或少披露或有负债,这些或有负债一旦成为事实上的负债,将会加大企业的偿债负担。

变现能力分析应该结合财务报表附注,如果存在或有负债,显然会减弱企业流动资产的变现能力。如果存在未做披露的或有负债,更会令变现能力指标的准确性大打折扣。

二、对资产管理比率的影响

资产管理比率是用来衡量公司在资产管理方面效率的财务比率。资产管理比率包括营业周期、存货周转率、应收账款周转率等。

由于营业周期=存货周转天数+应收账款周转天数,对营业周期的分析可以通过对存货及应收账款的分析来代替。

应收账款周转率=营业收入÷应收账款平均余额。由于营业收入确认是一项重要的会计政策,因而本指标的分析不可避免地要参考财务报表附注。收入的确认方法包括行业会计制度规定和收入准则规定(目前仅适用上市公司)。对于同一笔业务是否确认收入,收入准则较行业会计制度要严格得多,因而,对于同样的业务,按收入准则确认的收入一般较遵照行业会计制度确认的收入要少,因而其应收账款周转率也偏低。

存货周转率=营业成本÷存货平均余额。要正确理解其分子和分母的意义就应该仔细阅读财务报表附注。① 营业成本与平均存货余额的大小与存货流转假设有直接关系。除了个别计价法外,存货的实物流转与价值流转并不一致,严格地说,只有应用个别计价法计算出来的存货周转率才是标准的存货周转率。因而,其他存货流转假设(主要有先进先出法、加权平均法、移动平均法、计划成本法、毛利率法和零售价法)都是采用一定技术方法在营业成本和期末存货之间进行分配,营业成本和平均存货存在着此消彼长的关系。在目前经济生活中,通货膨胀是个不容忽视的全球性客观经济现象,物价普遍呈现持续增长的趋势。采用先进先出法的营业成本偏低,而期末存货则偏高,这样计算出来的存货周转率毫无疑问偏低。② 按照企业会计准则规定,上市公司期末存货应按成本与可变现净值孰低法计价。在计提存货跌价准备的情况下,期末存货价值小于其历史成本。分母变小,存货周转率必然变大。

三、对负债比率的影响

负债比率包括资产负债率、产权比率、有形净值债务率等。产权比率和有形净值债务率其实是资产负债率的自然延伸,其分子都是企业的负债总额,更为谨慎、保守地反映在企业清算时债权人投入的资本受到股东权益的保障程度上,因而这两个指标的分析与资产负债率相同。

如前文所述,由于或有负债的存在,资产负债表确认的负债并不一定能够完整地反映企业的负债总额。因而分析资产负债率时,不得不关注财务报表附注中的或有事项。不考虑或有负债的资产负债率夸大了企业的偿债能力。此外,还有一项重要因素影响企业的长期偿债能力:长期租赁。当企业急需某种设备或资产而又缺乏足够的资金时,可以通过租赁的方式解决。财产租赁有两种方式:融资租赁和经营租赁。

融资租赁是由租赁公司垫付资金购买设备租给承租人使用,承租人按合同规定支付租金。一般情况下,在承租方付清最后一笔租金后,设备的所有权归承租方所有,实际属于变相的分期付款购买固定资产。因此,租入的固定资产作为企业的固定资产入账并进行管理,相应的租赁费用作为长期负债处理。这种资本化的租赁,在分析长期偿债能力时,已经包括在债务比率计算之中。

经营租赁泛指融资租赁以外的其他一切租赁形式。租赁开始日租赁资产剩余经济寿命低于其预计经济寿命25%的租赁,也视为经营租赁,而不论其是否具备融资租赁的其他条件。经营租赁是为满足承租人临时使用资产的需要而安排的"不完全支付"式租赁。承租人租赁资产只是为了满足经营上短期的、临时的或季节性的需要,并没有添置资产的意图。当企业的经营性租赁量比较大、期限比较长或具有经常性时,则构成了一种长期性筹资,这种长期性筹资虽然不包括在长期负债之内,但到期时必须支付租金,会对企业的偿债能力产生影响。因此,如果企业经常发生经营租赁业务,应考虑租赁费用对偿债能力的影响,即会削弱企业的偿债能力。

四、对盈利能力比率的影响

盈利能力比率包括营业毛利率、营业净利率、净资产收益率和总资产收益率。其分子都是净利润,因而影响利润的因素就是影响盈利能力的因素。

一般来说,企业的盈利能力分析只涉及正常的营业状况,非正常的营业状况也会给企业带来收益或损失,但只是特殊状况下的个别结果,不能说明企业的盈利能力,因此在分析企业盈利能力时,应当排除以下因素:

(1)证券买卖等非常项目。
(2)已经或将要停止的营业项目。
(3)重大事故或法律更改等特别项目。
(4)会计准则和财务制度变更带来的累积影响等因素。

上述四个项目无一例外要从财务报表附注中获得资料,除此之外,影响企业利润的主要因素有:

(1)存货流转假设。在物价持续上涨的情况下,采用先进先出法结转的营业成本较低,因而计算出的利润偏高。

(2)计提的减值准备。企业计提减值准备的方法和比例会影响利润总额。

(3)长期股权投资核算方法,即采用权益法还是成本法。在采用成本法的情况下,只有实际收到分得的利润或股利时才确认收益,而权益法则是一般情况下每个会计年度都要根据本企业占被投资单位的投资比例和被投资单位净利润变动情况确认投资损益。

（4）固定资产折旧方法，即采用加速折旧法还是直线法。在采用加速折旧法条件下的前几年，其利润要小于直线法，加速折旧末期则其利润一般要大于直线法。

（5）收入确认方法。按收入准则确认的收入较按行业会计制度确认的收入要保守，一般情况下其利润也相对保守。

（6）或有事项的存在。或有负债有可能导致经济利益流出企业，未做记录的或有负债将可能减少企业的预期利润。

（7）关联方交易。应注意关联方交易的变动情况，关联方交易的大比例变动往往存在着粉饰财务报告的可能。这些影响利润的因素，凡可能增加企业利润的，会增加企业的盈利能力；反之，则削弱企业的盈利能力。

从以上分析可以看出，由于财务报表的局限性，仅依据财务报表得出的财务分析结论是片面的，甚至可能得出错误的结论，误导决策。因此，只有注重财务报表附注在财务分析中的作用，仔细阅读、深入领会财务报表附注，才能正确评价企业的生存发展能力或找出存在的问题，减少决策的失误。

技能训练

 网上搜寻某个上市公司2021年的财务报表附注资料，分析其对该公司变现能力、资产管理、负债情况和盈利能力的影响程度。

附 录

附表一　　　　　　　　资产负债表——南京照明股份有限公司　　　　　　　　单位：元

项　　目	2021年12月31日	2020年12月31日	2019年12月31日
流动资产：			
货币资金	311 587 295.13	657 505 932.42	370 883 013.83
交易性金融资产			
衍生金融资产			
应收票据	2 442 800.36	4 922 988.55	74 992 286.27
应收账款	32 215 703.67	49 927 270.13	386 304 398.34
应收账款融资	223 919 456.25	8 700 761.14	193 286 019.77
预付款项	17 249 875.21	8 387 423.16	22 277 635.03
其他应收款	4 812 719 888.04	3 253 226 478.08	2 477 227 488.63
其中：应收利息			
应收股利	1 483 032 731.74	627 181 979.28	385 095 471.49
存货	1 398 223.28	1 302 966.44	223 588 409.15
合同资产			11 591 396.80
持有待售资产			
一年内到期的非流动资产			30 361 996.84
其他流动资产	40 434 135.45	34 345 738.67	10 170 245.89
流动资产合计	5 441 967 377.39	4 018 319 558.59	3 800 682 890.55
非流动资产：			
债权投资			
其他债权投资			
长期应收款	140 000 000.00	140 000 000.00	140 000 000.00
长期股权投资	10 962 448 958.12	10 264 388 316.89	9 270 518 077.50
其他权益工具投资			
其他非流动金融资产		33 614 700.00	24 836 000.00
投资性房地产			753 071.17

续表

项　　目	2021年12月31日	2020年12月31日	2019年12月31日
固定资产	24 413 520.73	26 863 795.90	411 451 471.82
在建工程	131 918 641.88	47 726 157.27	3 429 785.72
生产性生物资产			
油气资产			
使用权资产	15 654 909.97		
无形资产	3 396 698.61	5 064 358.41	82 233 324.96
开发支出	1 330 188.68	1 778 257.81	13 395 762.70
商誉			
长期待摊费用	3 038 942.31	13 531 156.47	18 074 719.36
递延所得税资产			
其他非流动资产		52 760 122.18	46 516 807.37
非流动资产合计	11 282 201 860.30	10 585 726 864.93	10 011 209 020.60
资产总计	16 724 169 237.69	14 604 046 423.52	13 811 891 911.15
流动负债：			
短期借款	300 000 000.00	660 500 000.00	1 130 332 500.00
交易性金融负债			
衍生金融负债			
应付票据	300 000.00	2 220 000.00	154 703 922.27
应付账款	24 019 565.86	29 592 691.98	357 213 275.21
预收款项			
合同负债	618 830.97	3 542 098.08	80 813 622.25
应付职工薪酬	24 851 204.57	20 432 785.57	60 908 432.80
应交税费	5 887 245.52	5 434 519.15	15 151 348.65
其他应付款	56 607 177.07	45 237 143.67	26 736 372.80
其中：应付利息			
应付股利			
持有待售负债			
一年内到期的非流动负债	599 823 800.00	157 000 000.00	5 000 000.00
其他流动负债	3 667 142 335.02	3 034 094 286.17	2 316 839 144.51
流动负债合计	4 679 250 159.01	3 958 053 524.62	4 147 698 618.49
非流动负债：			
长期借款	725 000 000.00	1 243 000 000.00	585 000 000.00
应付债券	2 869 591 600.00		
其中：优先股			

续表

项　　目	2021 年 12 月 31 日	2020 年 12 月 31 日	2019 年 12 月 31 日
永续债			
租赁负债	14 077 703.00		
长期应付款	140 000 000.00	140 000 000.00	140 000 000.00
预计负债			
递延收益	10 716 264.00	34 688 923.97	25 072 371.20
递延所得税负债			
其他非流动负债			
非流动负债合计	3 759 385 567.00	1 417 688 923.97	750 072 371.20
负债合计	8 438 635 726.01	5 375 742 448.59	4 897 770 989.69
股东权益			
股本	1 678 123 584.00	1 678 123 584.00	1 678 123 584.00
其他权益工具		1 094 607 283.05	1 094 607 283.05
其中：优先股			
永续债		1 094 607 283.05	1 094 607 283.05
资本公积	5 103 267 418.88	5 454 556 029.92	5 454 556 029.92
减：库存股			
其他综合收益			
专项储备			
盈余公积	411 284 628.51	286 719 142.07	204 541 623.54
未分配利润	1 092 857 880.29	714 297 935.89	482 292 400.95
股东权益	8 285 533 511.68	9 228 303 974.93	8 914 120 921.46
负债和股东权益总计	16 724 169 237.69	14 604 046 423.52	13 811 891 911.15

附表二　　　　　利润表——南京照明股份有限公司　　　　　　单位：元

项　　目	2021 年	2020 年	2019 年
一、营业收入	131 720 519.68	246 064 939.92	1 377 786,346.70
减：营业成本	120 243 094.20	209 240 284.98	1 158 229 639.10
税金及附加	1 997 189.87	7 472 428.36	11 463 714.36
销售费用	933 612.09	1 469 906.61	31 266 888.43
管理费用	82 269 994.14	82 267 319.53	183 433 594.56
研发费用	26 522 011.55	18 899 136.82	67 337 216.00
财务费用	163 463 385.25	47 849 372.55	46 512 198.42
其中：利息费用		128 013 241.82	97 872 799.95
利息收入		81 441 515.50	52 224 981.11

续表

项　目	2021年	2020年	2019年
加：其他收益	18 588 974.12	10 557 883.80	47 108 498.40
投资收益（损失以"-"号填列）	1 495 590 863.68	927 470 718.80	403 583 552.11
其中：对联营企业和合营企业的投资收益	-1 043 464.68	6 944 368.88	960 969.16
以摊余成本计量的金融资产终止确认收益（损失以"-"号填列）			7 150.00
净敞口套期收益（损失以"-"号填列）	0.00		
公允价值变动收益（损失以"-"号填列）	0.00	8 778 700.00	1 013 100.00
信用减值损失（损失以"-"号填列）	-52 579.01	226 783.95	-6 629 083.14
资产减值损失（损失以"-"号填列）	0.00		1 005 306.68
资产处置收益（损失以"-"号填列）	1 472.78	379 187.03	465 327.24
二、营业利润（亏损以"-"号填列）	1 250 419 964.15	826 279 764.65	326 089 797.12
加：营业外收入	727 526.18	1 420.66	4 970 950.97
减：营业外支出	4 001 305.24	4 506 000.00	4 425 157.95
三、利润总额（亏损总额以"-"号填列）	1 247 146 185.09	821 775 185.31	326 635 590.14
减：所得税费用			1 116 926.95
四、净利润（净亏损以"-"号填列）	1 247 146 185.09	821 775 185.31	325 518 663.19
（一）持续经营净利润（净亏损以"-"号填列）	1 247 146 185.09	821 775 185.31	325 518 663.19
（二）终止经营净利润（净亏损以"-"号填列）			
五、其他综合收益的税后净额			
（一）不能重分类进损益的其他综合收益			

续表

项　　目	2021 年	2020 年	2019 年
1. 重新计量设定受益计划变动额			
2. 权益法下不能转损益的其他综合收益			
3. 其他权益工具投资公允价值变动			
4. 企业自身信用风险公允价值变动			
(二) 将重分类进损益的其他综合收益			
1. 权益法下可转损益的其他综合收益			
2. 其他债权投资公允价值变动			
3. 金融资产重分类计入其他综合收益的金额			
4. 其他债权投资信用减值准备			
5. 现金流量套期储备			
6. 外币财务报表折算差额			
六、综合收益总额	1 247 146 185.09	821 775 185.31	325 518 663.19
七、每股收益			
(一) 基本每股收益			
(二) 稀释每股收益			

附表三　　　　　现金流量表——南京照明股份有限公司　　　　　单位：元

项　　目	2021 年	2020 年	2019 年
一、经营活动产生的现金流量			
销售商品、提供劳务收到的现金	89 762 948.31	115 247 042.97	1 093 794 218.54
收到的税费返还	100 101.87	3 589 504.24	16 343 217.04
收到的其他与经营活动有关的现金	115 955 512.57	81 652 801.39	150 500 362.78
经营活动现金流入小计	205 818 562.75	200 489 348.50	1 260 637 798.36

续表

项　　目	2021 年	2020 年	2019 年
购买商品、接受劳务支付的现金	67 616 976.43	99 400 117.98	631 043 796.79
支付给职工以及为职工支付的现金	49 679 504.21	43 569 372.99	284 253 219.03
支付的各项税费	24 876 394.58	55 377 177.69	64 318 765.67
支付的其他与经营活动有关的现金	131 393 839.73	143 518 786.68	276 463 954.90
经营活动现金流出小计	273 566 714.95	341 865 455.34	1 256 079 736.39
经营活动产生的现金流量净额	−67 748 152.20	−141 376 106.84	4 558 061.97
二、投资活动产生的现金流量			
收回投资所收到的现金	20 000 000.00		20 985 517.93
取得投资收益所收到的现金	441 931 767.18	478 439 842.13	21 870 291.46
处置固定资产、无形资产和其他长期资产所收回的现金净额	136 000.00	351 000.00	15 400.00
处置子公司及其他营业单位收到的现金净额			
收到的其他与投资活动有关的现金	450 000 000.00	320 000 000.00	270 000 000.00
投资活动现金流入小计	912 067 767.18	798 790 842.13	312 871 209.39
购建固定资产、无形资产和其他长期资产所支付的现金	22 807 261.89	51 352 954.15	35 715 337.46
投资所支付的现金	945 000 000.00	209 911 765.68	1 220 505 249.71
取得子公司及其他营业单位支付的现金净额			
支付其他与投资活动有关的现金	450 000 000.00	323 835 350.87	362 000 000.00
投资活动现金流出小计	1 417 807 261.89	585 100 070.70	1 618 220 587.17
投资活动产生的现金流量净额	−505 739 494.71	213 690 771.43	−1 305 349 377.78
三、筹资活动产生的现金流量			

续表

项　　目	2021 年	2020 年	2019 年
吸收投资收到的现金			
取得借款收到的现金	4 700 000 000.00	4 134 890 684.93	4 969 500 000.00
收到其他与筹资活动有关的现金	11 814 972 364.97	11 258 603 122.44	8 133 906 312.37
筹资活动现金流入小计	16 514 972 364.97	15 393 493 807.37	13 103 406 312.37
偿还债务支付的现金	2 841 350 000.00	4 344 500 000.00	2 929 500 000.00
分配股利、利润或偿付利息所支付的现金	827 442 935.86	625 874 052.35	465 246 548.47
支付其他与筹资活动有关的现金	12 618 610 419.49	10 202 781 964.96	8 312 010 664.15
筹资活动现金流出小计	16 287 403 355.35	15 173 156 017.31	11 706 757 212.62
筹资活动产生的现金流量净额	227 569 009.62	220 337 790.06	1 396 649 099.75
四、汇率变动对现金及现金等价物的影响			
五、现金及现金等价物净增加额	−345 918 637.29	292 652 454.65	95 857 783.94
加：期初现金及现金等价物余额	657 505 932.42	364 853 477.77	268 995 693.83
六、期末现金及现金等价物余额	311 587 295.13	657 505 932.42	364 853 477.77